Angelika Wende
Die Magie beginnt in uns

AF191168

 *Angelika Wende*, geb. 1959, studierte Germanistik und Literaturwissenschaft. Nach einer Tätigkeit als freie Journalistin im Bereich Feuilleton arbeitete sie für den TV-Sender Pro7.

1991 wechselte sie zum ZDF, unter anderem für zwei Jahre als heute-Nachrichtensprecherin, bis sie sich 2004 nach einem schweren Autounfall aus der Öffentlichkeit zurückzog. Sie widmete sich dem Schreiben, der Malerei und kuratierte Kunstausstellungen. Sie ließ sich zur Psychologischen Beraterin ausbilden und betreibt heute in Wiesbaden eine Praxis. In ihrem Blog *Zwischen Innen und Außen* schreibt sie über die menschliche Psyche.

Zum Blog: www.angelikawende.blogspot.com

Bisher sind von der Autorin erschienen:

Weil ich endlich geliebt sein will – Aus der Innenwelt einer Co-Abhängigkeit, BoD, 2024
Farben der Tränen, Arboresal Verlag, 2003
Ich hatte Angst ..., Arboresal Verlag, 2003
Ein neues Zeitalter einer alten Heilkunde, (mit Dr. Norbert Merz)
Arboresal Verlag, 2008

Angelika Wende

Die Magie beginnt in uns

Gedanken zur inneren Heilung

Impressum

Bibliografische Information der Deutschen Nationalbibliothek:
Die Deutsche Nationalbibliothek verzeichnet diese
Publikation in der Deutschen Nationalbibliografie;
detaillierte bibliografische Daten sind im Internet
über http://dnb.dnb.de abrufbar.

Die automatisierte Analyse des Werkes, um daraus
Informationen insbesondere über Muster, Trends und
Korrelationen gemäß §44b UrhG („Text und Data Mining") zu
gewinnen, ist untersagt.

Covergestaltung unter Verwendung eines Gemäldes von
Angelika Wende

Verlag: BoD · Books on Demand GmbH, Überseering 33,
22297 Hamburg, bod@bod.de
Druck: Libri Plureos GmbH, Friedensallee 273,
22763 Hamburg
ISBN: 978-3-8192-4638-8

Schau Dir jeden Weg genau und bewusst an.
Versuche ihn zu gehen, so oft wie Du es für nötig hältst.
Dann stelle Dir allein eine Frage:
Hat dieser Weg ein Herz?

Carlos Castaneda

WAS WÜRDE SICH DIE LIEBE FÜR DICH WÜSCHEN?

Die Liebe schließt nichts aus, sie schließt alles ein.
In ihr ist alles enthalten.
Im Grunde gibt es nur eine Liebe – die vorbehaltlose, allumfassende Liebe eines Menschen, der ganz bei sich ist, in seiner eigenen Mitte und mit allem in Liebe verbunden.
Diese Liebe ist Agape.
Ist Liebe nicht Agape, hat sie immer einen Zweck zu erfüllen.

Dann brauchen wir ein „geliebtes" Gegenüber.
Wir brauchen sein Sich-zur-Verfügung-Stellen als Spiegel und als Projektionsfläche.
Sind wir offen für uns selbst, mit allem, was wir in uns tragen, sind wir in der vollkommenen Akzeptanz dessen, was wir sind und was uns ausmacht,
dann sind wir es auch für andere und für die Liebe.

Wenn wir uns selbst liebevoll behandeln, können wir auch den anderen aufrichtig lieben – in seinem Wesen und als Wesen – ohne Zweck, ohne Ziel.

Das zu erfahren würde die Liebe sich für dich wünschen.

1

ALLES IST ENERGIE

Alles ist Energie in Bewegung. Sie fließt immer und überall, in uns und um uns herum. Auch unsere Gedanken sind Energie, die fließt. Wir haben die Fähigkeit, Energie in Materie zu verwandeln – das ist Schöpfertum. Alles basiert auf Aktion und Reaktion, nicht nur unsere Handlungen, auch was wir denken, unterliegt diesem Prinzip.

Was wir bewusst und unbewusst an starker Energie aussenden, trifft auf einen Resonanzboden. Je stärker ein Gedanke ist, desto stärker schwingt sein Resonanzboden, im Guten wie im Unguten. Entscheidend für die Wirkung der Gedanken und für die Art der Resonanz ist das Unbewusste. Unsere Gedanken und Gefühle werden zu neunzig Prozent aus den Unbewussten gespeist. Nur etwa zehn Prozent von dem, wie wir als Person agieren, sind vom Bewusstsein gesteuert. Dies hat die Hirnforschung hinlänglich erwiesen. Wenn wir also bewusst positiv denken wollen, aber in unserem Unterbewussten von etwas anderem überzeugt sind, wird uns das Positive nicht begegnen, sondern vielmehr das, was wir *unbewusst* glauben.

Glaube versetzt Berge. Fragt sich welcher Glaube?

Der, den wir *denken wollen* oder *der, der uns denkt*. So gesehen stimmt das mit der Kraft der Gedanken. Wir erfahren im Leben, was wir von uns und über uns selbst denken und woran wir im tiefsten Unbewussten glauben – das Schicksal außen vorgelassen. Was mit großer Energie von innen nach außen wirkt und wie ein Bumerang zu uns zurückkommt, sind unsere unbewussten Überzeugungen. Diese Überzeugungen werden zu Glaubensmustern, die tief in uns verankert sind. Sie suchen sich resonante Erfahrungen, um sich selbst zu bestätigen und um sich zu erfüllen. Wir erschaffen also diese hochschwingende Energie selbst.

Wir treten in Resonanz mit anderen Menschen und mit der Welt. Und ebenso können wir in Resonanz mit dem Schöpferischen in uns selbst treten. Schöpferisch sein heißt, unseren Anlagen, Talenten und Gaben Ausdruck verleihen. Erich Fromm zum Beispiel war der Überzeugung, dass die Verwirklichung eines gesunden Selbst dann zustande kommt, wenn der Mensch alle seine emotionalen und intellektuellen Möglichkeiten spontan und kreativ-schöpferisch zum Ausdruck bringt. „Spontan" bedeutete für ihn: Ein Tätigsein des Selbst aus freiem Willen, im Sinne der lateinischen Wurzel des Wortes „sponte" (aus eigenem Antrieb). Der kreativ-schöpferisch tätige Mensch verbindet sich mit der Welt. Würde uns Menschen diese Verbundenheit gelingen, wären wir weiter in unserer individuellen und kollektiven Entwicklung. Ich bin überzeugt davon, dass jeder Mensch alle Antworten auf die wesentlichen Fragen, die ihn selbst angehen, in sich trägt. Es ist das von unseren Erfahrungen überladene und geprägte Ego, das uns ablenkt von dem Menschen, der wir wirklich sind und sein könnten. Dieses Ego tönt so laut, dass wir die Botschaften unseres tiefsten Wesens nicht hören.

Es sind neunzig Prozent des Ganzen, das wir überhören, überfühlen, überdenken. Es sind neunzig Prozent von dem, was uns ausmacht, was wir ignorieren und dem wir zuwiderhandeln. Wenn es uns gelingt, uns immer wieder in die Stille mit uns selbst zu begeben, treten wir mehr und mehr mit unserer Schöpferkraft in Verbindung. Wenn wir in unserer schöpferischen Energie schwingen, finden uns

Antworten. Sie finden uns, wenn wir in den Dialog mit unserem Höheren Selbst treten. Aber das geschieht nicht einfach so. Es bedeutet nicht, eine Entscheidung zu treffen, nach dem Motto – so, jetzt verbinde ich mich mal mit meinem Höheren Selbst – es bedeutet Arbeit an uns selbst, um Selbstkenntnis zu erlangen.

Wir können unser Bewusstsein trainieren wie einen Muskel. Wir können lernen, darauf zu achten, was aus der Stille nach oben dringt, aus der Stille in uns selbst. Es kann Jahre dauern, bis wir das können und wenn wir es können, braucht es wiederum Zeit und Achtsamkeit, um auf unsere innere Stimme zu hören. Wenn wir uns mit unserem Höheren Selbst verbinden, sind wir im Vertrauen und in „Sicherheit", und damit meine ich: sicher in und bei uns selbst. Unser Streben nach Beziehung steht uns dabei nicht selten im Weg. Es steht zwischen uns und uns selbst. Wir suchen Beziehungen im Außen, wir suchen sie zu anderen Menschen, zu Beschäftigungen und Dingen und wir verwenden viel zu wenig oder gar keine Zeit, um eine heilsame Beziehung mit uns selbst aufzubauen.

Der Grund: Die meisten von uns halten das Alleinsein nicht besonders gut aus. Die Stille macht Angst. Stille ist für viele Menschen gefühlt Leere und damit unerträglich. Also beschäftigen sie sich immerzu. Sie schalten den Fernseher ein, hören Musik, surfen im Netz, chatten, absorbieren sinnlose Informationen, ohne zu filtern, gehen ins Sportstudio, ins Restaurant, betäuben sich mit Alkohol, Drogen, Essen und und und. Und das alles, um der Stille zu entkommen.

Wie damit schöpferisch sein? Wie die eigene schöpferische Kraft spüren? Unmöglich. Vielmehr verlegt sich das Gewicht von der tiefen Befriedigung, die eine kreative Lebensweise verleiht, auf den Wert des Konsumierbaren.

Dabei geht die wesentliche Befriedigung verloren, die uns Menschen tief erfüllt – das Erlebnis des kreativen Tätigseins.

Zu viel Beziehung im Außen und zu viel Ablenkung vom eigenen Inneren führt mit der Zeit zum Überfremdetsein. Je mehr Fremdes wir ins Eigene lassen, desto fremder werden wir uns selbst. Die Folge ist Selbstverlust. Um uns mit unserer Schöpferkraft zu verbinden, ist es notwendig, eine Beziehung zu uns selbst zu haben. Mit Beziehung zu uns selbst meine ich nicht das egozentrische Lebensgefühl, dem es nur darum geht, die eigenen Bedürfnisse zu befriedigen. Ich meine auch nicht die *splendid isolation*, als Rückzug des Individuums in die eigene Wirklichkeit, in der es sich nur noch um sich selbst dreht und sich zum Mittelpunkt des eigenen Universums macht. Die Folge von beidem ist Selbstisolation und innere Vereinsamung. Diese zunehmende Vereinsamung können wir beobachten, wenn wir genau hinschauen. Sie ist schon lange Zeitgeist. Die Pandemie hat das nur deutlicher und spürbarer gemacht.

Die zunehmende Vereinzelung des modernen Menschen ist der Ausdruck eines kollektiven Narzissmus, der Humanität und Empathie zunichte macht. Narzissmus ist geprägt von einem falschen Selbst, das einer Maske gleicht. Eine Maske, die wir aufsetzen, um unser wahres Ich vor uns selbst und den anderen zu verbergen, um nicht hinschauen zu müssen, wer wir hinter der Maske sind, und die das, was wir sind, zu entdecken verhindert. Und so leben wir mit uns und miteinander, unfähig, uns selbst und einander wirklich zu erreichen und zu berühren, immer auf der Suche nach Liebe, die wir in uns selbst nicht spüren. So viele von uns sind Vereinzelte, Einsame in sich selbst.

Die Sehnsucht nach Geliebtsein, nach Verbundenheit und Angenommensein ist ein Zeichen des Wunsches, ein ganzer Mensch zu sein. Es ist die Sehnsucht nach dem Gefühl von Ganzheit. Diese zu erreichen, gelingt jedoch nicht über das Verbinden mit einem anderen und schon gar nicht, indem wir uns permanent zerstreuen und ablenken. Es gelingt, wenn wir zunächst lernen, uns mit uns selbst zu verbinden, anstatt in der Sehnsucht nach einem Gegenüber zu schwelgen, weil wir uns mit uns selbst innerlich leer und taub fühlen.

Die nach außen gerichtete Suche nach dem oder der idealen Geliebten, ist getragen von einer regressiven verzehrenden Sehnsucht, die unerfüllbar bleibt. Uns selbst unser bester Gefährte zu sein, ist eine gesunde Sehnsucht. Sie ist nährend. Sie führt dazu, dass wir uns bewusst uns selbst zuwenden. Nicht dem Fremden, sondern dem Eigenen. Zunächst. Gesunde Sehnsucht ist die Sehnsucht nach seelischer und geistiger Entfaltung, nach spiritueller Entwicklung und Selbstliebe. All das können wir uns nur selbst erfüllen, indem wir den Zugang zu unserem wahren Selbst suchen. Dazu braucht es Stille, Alleinsein, Achtsamkeit und innere Einkehr. Dazu braucht es den Mut, was wir in uns selbst hören, sehen und fühlen, anzunehmen, es zu erforschen und es auszuhalten. Und es braucht einen verständnisvollen, akzeptierenden Umgang mit unserer Angst, unserer Fehlbarkeit, unserer Schwäche, unseren Selbstzweifeln und unseren Wunden.

„Wer zur Wahrheit wandert, wandert allein", schrieb einst Christian Morgenstern. Das ist wohl wahr, denn nur wir allein wissen um unsere innere Wahrheit, keiner kann uns weismachen, was uns nicht entspricht. Jedes von außen Aufgedrückte ist immer ein Aufgedrücktes und kein von Innen sich Ausdrückendes. Ich weiß, wie schwer es ist, sich selbst in jeder Lebenslage zu vertrauen und sich treu zu sein, aber ich weiß auch, es ist dann möglich, wenn wir eine tiefe innere Verbindung zu den geistigen Gesetzen haben.

Diese sieben Gesetze sind nach William Walker Atkinson:

- Das Gesetz der Geistigkeit (alles ist Bewusstsein).
- Das Gesetz der Entsprechung oder der Anziehung (so wie innen, so außen, so wie außen, so innen. Was du gibst, empfängst du).
- Das Gesetz der Schwingung (Energie bewegt sich immer auf einer bestimmten Frequenz bzw. Schwingung. Fühlst du z.B. Angst oder Wut, befindest du dich in einer niedrigeren Schwingung. Empfindest du Freude, Dankbarkeit und Liebe, befindest du dich in einer höheren Schwingung).
- Das Gesetz der Polarität (alles hat zwei Pole. Universell gesehen sind diese Pole keine Unterschiede, sondern lediglich Zustände ein und derselben Sache).
- Das Gesetz des Rhythmus (alles hat einen bestimmten Rhythmus: Tag und Nacht, Ebbe und Flut, Einatmen und Ausatmen, Geburt, Leben, Sterben, Tod, Wiedergeburt. Alles ist in Bewegung und alles verändert sich.)
- Das Gesetz von Ursache & Wirkung (jede Ursache hat eine Wirkung, es gibt keine Wirkung, ohne dass es eine Ursache gegeben hat, und eine Wirkung wird zur Ursache weiterer Wirkungen).
- Und schließlich das Gesetz des Geschlechts (alles in diesem Universum hat sowohl männliche als auch weibliche Energie).

Diese Gesetze nennt man auch die hermetischen oder feinstofflichen Gesetze. Es sind die Gesetzmäßigkeiten, nach denen das Universum funktioniert, und da wir ein Teil des Universums sind, funktionieren diese Gesetze auch für uns.

„Meine Forschungen haben ergeben, dass hinter all der Welt, mit der wir uns befassen, ein großer Orchesterdirigent sein muss, der alles lenkt und der unser Gutes will", schrieb einst Albert Einstein. Wir können nichts an diesen Gesetzen verändern, und wie sehr wir uns auch bemühen, wir können sie nicht außer Kraft setzen. Es ist daher hilfreich, uns darüber bewusst zu sein, dass diese Gesetze existieren und dann zu entscheiden, inwieweit wir im Einklang mit diesen Gesetzen unser Leben gestalten wollen. Viele Menschen aber sind unbewusst und leben unbewusst. Sie funktionieren. Manche von uns dümpeln jahrelang vor sich hin und werden dabei immer handlungsunfähiger und resignierter. Unsere Kreativität erstickt und wir sehen die Möglichkeiten eines Ausweges nicht mehr. Wir kleben an unseren Konditionierungen. Unsere Überzeugungen kleben an uns wie zäher Leim. Wir kleben an der Vergangenheit, an ungesunden Beziehungen, unbefriedigenden Jobs, unheilsamen Verstrickungen und an alten Wunden. Wir kleben an Dingen und Süchten und wir kleben an einem falschen Selbst. Wir kleben an so vielem, was uns nicht guttut.

Wie sich bewegen, wenn man festklebt?

Wie wollen wir schöpferisch sein und ein gelingendes, sinnerfülltes Leben gestalten, wenn wir glauben: „Es ist wie es schon immer war und weil es so war, bleibt es auch so. Das ist halt mein Leben." Wie ein eigenverantwortliches Leben führen, wenn wir die Ursache im Außen suchen oder denken, dass wir machtlos sind?

Dieses Denken ist nicht hilfreich. Aus dieser inneren Haltung wird nichts wachsen, weder Innen noch Außen. Es ist nicht hilfreich, wenn wir glauben, dass die Eltern oder Menschen, die uns verletzt haben, die Schuld an unserem Leid tragen und wir ewig nach Wiedergutmachung streben, anstatt die Verantwortung für unser Jetzt zu übernehmen und für uns selbst zu handeln. Schuldgefühle sind unheilsam. Schuld ist der härteste Klebstoff in Beziehungen, Schuld klebt Menschen fester aneinander als Liebe, auf zerstörerische Weise. Wir wissen das vielleicht sogar, aber wir kleben weiter an alten Denk- und Verhaltensmustern und glauben irrsinnigerweise, dass sie uns Halt geben. Wir kleben an unserem Problem und halten es aufgrund des Kontextes, in dem es auftritt, in genau diesem Kontext weiter aufrecht und übersehen die Lösung, die im Problem verborgen ist.

Die Erfahrungen, die wir machen, können wir nicht ändern – aber wir können ändern, wie wir damit umgehen. Damit sind die Erfahrungen nicht veränderbar, aber unsere Haltung ist es und damit ändert sich unser Lebensgefühl. Solange wir zu dieser Veränderung unserer Sichtweise nicht fähig sind, dreht sich das Rad weiter in der gleichen Spur. Solange wir das Gleiche denken, das Gewohnte tun, handeln wir nach den alten Mustern und fühlen und erleben – es bleibt gleich. Damit verabschieden wir uns, ohne es zu merken, von unseren Träumen. Doch unsere Träume sind der Teil in uns, der nach Leben schreit. Wir hören diesen Schrei nicht mehr, weil wir ständig mit dem Außen beschäftigt sind, mit dem Funktionieren, dem Mitmachen mit dem, was die Masse macht, den Erwartungen an uns selbst und andere, dem Kompensieren und all der sinnleeren Ablenkung, die uns von uns selbst weglenkt.

In der Stille aber spüren wir den schöpferischen Teil in uns. Und dann kommt Wehmut und Trauer, ihn nicht leben zu können. Und wieder suchen wir das Laute, die Ablenkung, die Kompensation, anstatt eine Weile in der Stille zu verharren. Wir töten unser wahres Selbst mitsamt unseren Träumen. Und da liegt es – auf dem tiefen Grund unserer Seele und wir leben etwas gänzlich anderes – nämlich an uns selbst vorbei und über uns selbst hinweg. Drüber leben anstatt leben. Wir missachten unsere Träume, bis sie verdorrt sind wie eine keimende Pflanze, die wir wunderschön finden und doch vergessen zu pflegen. Wie soll sie wachsen und erblühen, wenn wir ihr keine Aufmerksamkeit und keine Fürsorge schenken?

Schöpferisch sein, heißt erschaffen. So wie die Schöpfung die Welt und uns Menschen erschaffen hat, ist unsere Kreativität ein Akt des Erschaffens. Gott schuf den Menschen nach seinem Ebenbild, heißt es – und damit ist das göttliche Prinzip gemeint, genauer – das schöpferische Prinzip. Weil wir ein Teil dieses Prinzips sind, besitzen wir dieses schöpferische Potenzial – es ist in uns angelegt und wartet nur darauf zu fließen und sich zu entfalten – von innen nach außen. Kreativität ist eine Gabe und jede Gabe ist eine Verpflichtung uns selbst gegenüber. Wenn wir das göttliche Prinzip in uns nicht aktivieren – wie soll es dann etwas für uns tun? Wenn wir nicht offen sind – wie sollen wir dann empfangen? Wenn wir nicht in Resonanz schwingen mit den geistigen Gesetzen, spalten wir uns von ihnen ab. Und man kann uns spalten. Alles im Leben ist Aktion und Reaktion. Und ebenso ist es mit dem Empfangen – ohne Sender, kein Empfänger. Alles logisch, mag jetzt so mancher denken, aber – für mich gilt oder funktioniert das nicht. Ich muss funktionieren und dabei stehen mir meine Träume im Weg. Das sind Träume, sie sind nicht real und ich lebe nun einmal in der Realität. Ich muss zur Arbeit, ich muss mich um die Familie kümmern, ich habe keine Zeit, sinnlosen Träumen nachzuhängen, keine Zeit, kreativ zu sein. Das ist etwas für Künstler. Die nächste Assoziation, die diesem Denkrahmen folgt: Künstler sind meist brotlos. Und schon fühlen sich die alten Denkmuster bestätigt. Wunderbar. Nein, nicht wunderbar! Langweilig und ermüdend ist diese Art des Denkens. Die Angst, unseren Träumen Raum zu geben, ist gespeist von Verlustangst.

Wenn wir träumen und unsere Träume zu verwirklichen versuchen, wenn wir versuchen, sie in der Realität zu materialisieren, sie lebendig werden zu lassen, dann bewegen wir uns. Zunächst auf unsicherem Terrain. Und Angst ist immer dann präsent, wenn wir ins Unbekannte gehen. Unser Gehirn interpretiert die Angst als Alarm zum Rückzug und nicht als grünes Licht, um voranzuschreiten. Die Kunst ist zu gehen – trotz und mit der Angst. Das bedeutet Mut zu schöpfen und dieser steht hinter der Angst. Je mehr wir uns zutrauen, desto öfter werden wir erleben, dass es uns Kraft gibt, mit der Angst und trotz der Angst zu handeln. Jeden Tag ein bisschen. Das ist schon viel. Und viel vom Bisschen ist immer mehr, als wir uns zutrauen.

Verlustangst hindert am Gewinnen.

Wenn wir beginnen, unseren Träumen Raum zu geben, glauben wir, wir verlieren etwas. Etwas, das mit Sicherheit zu tun hat. Und dabei ist es scheinbar völlig unwichtig, ob wir emotional wirklich so sicher sind, oder nur gedanklich an scheinbar Sicherem haften.

Aber – wie sicher macht uns unsere Sicherheit? So unsicher, dass wir Angst haben, sie zu verlieren? Also überhaupt nicht sicher. Wahre Sicherheit fühlt keine Unsicherheit. Sie vertraut. Was nehmen wir alles für unsere scheinbare Sicherheit in Kauf? Das sollte uns Angst machen. Angst wächst durch das Bewerten dessen, was wir nicht kennen. Sie wächst durch Anhaftung. Sie wächst durch das negative Bewerten von Unberechenbarkeit. Aber was bitte ist denn berechenbar? Nichts, wenn wir ehrlich sind. Das Leben selbst ist unberechenbar. Erfahren wir das nicht gerade in einem nie gekannten Ausmaß? Die Angst vor dem Neuen, dem Unbekannten ist keine angeborene Angst. Sie ist eine konditionierte Angst.

In seinem innersten Wesen trägt der Mensch die Sehnsucht nach schöpferischer Freiheit und Selbstverwirklichung in sich. Und doch sind wir seit Jahrhunderten darauf konditioniert, uns freiwillig in Käfige zu begeben. Der Käfig ist ein geschlossener berechenbarer Raum, der uns das Gefühl von Sicherheit vermittelt. Darin ist alles übersichtlich. Berechenbar eben. Der Käfig verspricht uns Sicherheit, weil er von außen einen Rahmen vorgibt. Er bietet uns Schutz, uns, die wir Angst vor der freien Wildbahn und ihren potenziellen Gefahren haben. Das, was uns da draußen erwartet, ist in der Tat unsicher und nicht berechenbar, die Gitterstäbe unserer Käfige aber sind es. Das ist eine Illusion! Sie sind es nicht, denn auch da drinnen wird passieren, was passieren soll. Nur dass wir dann die Verantwortung nicht übernehmen müssen für das, was mit uns passiert – denn es kommt ja von außen. Kein Tier begibt sich freiwillig in einen Käfig. Jedes Tier wehrt sich bis zur Erschöpfung vor dem Eingesperrtsein.

Wenn wir der Schöpfung vertrauen, wissen wir um das Unbekannte, das nicht Beweisbare, das nicht Überprüfbare, wir wissen, dass es zum Leben gehört. Macht, Geld, Beziehung und all die anderen Dinge, die uns als Stabilität gebend erscheinen, sind eine Illusion. Und im Tiefsten wissen wir das. Wir alle tragen sie in uns, die Sehnsucht – nach Freiheit und Schöpfertum.

All das, was uns mangelt, was wir nicht ernst genug nehmen, um dafür zu kämpfen: Man hat es uns ausgetrieben von Kindesbeinen an. Man hat uns erzogen, konditioniert und traumatisiert. Wir sind Kinder einer traumatisierten Generation. Wir tragen das Unheilsame weiter, von Generation zu Generation. Die schöpferische Freiheit ist etwas, deren tiefen Sinn wir nicht mehr begreifen. Freiheit bedeutet nicht vogelfrei sein, nicht alles tun, wonach uns gerade der Sinn steht. Freiheit bedeutet wir selbst sein, der zu sein, der wir im Tiefsten sind, zu erleben, was wir uns einmal erträumt haben und von dem wir träumen. Freiheit bedeutet auch Risiken einzugehen, etwas zu wagen. Wir allein tragen die Verantwortung dafür, ob wir es wagen oder nicht. Diese Verantwortung kann uns niemand abnehmen. Diese Verantwortung können wir keinem in die Hände legen oder in die Schuhe schieben. Nicht unseren Eltern, nicht dem Staat, nicht den Politikern, nicht der Gesellschaft und nicht Gott. Wir sind in der Lage, selbstständig zu denken. Dazu gehört, dass wir unterscheiden können, dazu gehört, dass wir lernen können, dazu gehört, dass wir wählen können.

Viele von uns sind darauf programmiert, sich als Opfer zu fühlen. Ein Opfer der Umstände, ein Opfer der Erziehung, ein Opfer des sozialen Umfelds, ein Opfer der Umstände, ein Opfer des Schicksals. Das ist dann der letzte Grashalm, an dem wir uns festhalten, wenn wir nichts ändern und unsere Angst siegen lassen: *Es ist Schicksal, ich ergebe mich meinem Schicksal.* Wie oft höre ich das, wie oft sagte ich mir das selbst in mutlosen Stunden. Wie oft sind wir Opfer statt Täter – Täter im Sinne von eigenverantwortlichem Handeln. Und ja, es gibt ein Schicksal, es ist das, was wir die Unberechenbarkeit des Lebens nennen. Aber egal, wann und wie es uns trifft – wir haben die Wahl, *wie* wir mit ihm umgehen, *wie* wir gestalten, was es von uns fordert oder uns auferlegt. Insofern sind wir die Kreateure unseres Seins.

Jedes Kind weiß im Moment seiner Inkarnation auf dieser Erde, wozu es gekommen ist. Wir tragen dieses tiefe innere Wissen um unsere Bestimmung in uns. Es ist die Tragödie des Menschen, dass er dieses Wissen im Laufe des Lebens verliert. Je mehr von diesem Wissen verloren geht, je mehr es uns ausgetrieben wird, desto verantwortungsloser werden wir uns selbst gegenüber. Wir verlieren den roten Faden unserer Seele im Labyrinth des verwirrenden Außens. Und dann erinnert uns das Schicksal daran. Es „schlägt zu", wenn wir dem Leben etwas schuldig geblieben sind, wenn wir die Fähigkeiten und Potentiale unserer wahren Natur nicht entwickeln und nicht einsetzen, zum eigenen Wohl und zum Wohl anderer.

„Um ein guter Schicksalsspieler zu werden, müssen wir von der Vogel-Strauß-Taktik Abstand nehmen und unsere nicht entwickelten Anlagen erkennen", schreibt der Schicksalsforscher Herrmann Meyer. Damit ist gemeint – das zu erkennen, was in uns angelegt ist, um es zu entfalten und ins Leben zu holen.

Viele Menschen fragen sich: Was ist meine Lebensaufgabe? Was ist der Sinn meines Daseins? Wer bin ich? Irgendjemand soll ihnen die Antwort geben. Manche folgen Gurus, manche lesen im Tarot, um dort die Antwort zu finden, wenn sie nicht mehr weiterwissen. Und dann hören oder lesen sie die Antworten, die ihnen ihr eigenes Unbewusstes gibt – und machen weiter wie vorher. Sie gehen den Holzweg weiter, der mit Sinnleere, Resignation und Leid gepflastert ist.

Eine häufige seelische Erkrankung unserer Zeit ist die Depression. Ihre Ursache liegt darin, dass wir innerlich spüren, dass es in unseren Leben so nicht weiter gehen kann, dass ein Richtungswechsel erforderlich ist – und zwar: Blickrichtung nach Innen. Anstatt zu versuchen, krampfhaft das Versäumte nachzuholen – ein Nachholen steht im Widerspruch zu der notwendigen Umkehr im Leben – macht es Sinn, was in uns angelegt ist, aus uns selbst herauszuholen. Wir aber verlängern künstlich Lebensphasen, weil wir glauben, zu kurz gekommen zu sein, oder nicht satt zu werden. Östrogengaben in der Menopause oder Botoxspritzen und Gesichtslifting sind nichts anderes als ein Festhalten an einer längst überlebten Lebensphase, der klägliche Versuch biochemisch an der Peripherie des Gewesenen zu haften. Der natürliche Prozess des Alterns wird aufgehalten, aus dem bedrückenden Gefühl heraus, das Leben nicht wirklich gelebt zu haben, bevor der Weg langsam zum Tode strebt. C.G. Jung sagte einmal, dass Menschen, denen es nicht gelingt, Spiritualität in der Lebensmitte zu finden, in schwerste Sinnkrisen fallen. So wird Leiden zum Ersatz für das Entwickeln der eigenen vitalen Potenziale. Seltsamerweise scheint das Leiden für manche von uns bequemer zu sein als das Verändern der eigenen Lebenssituation. Leid ist eine passive Haltung. Im Leid erstarrt Bewegung. Leid bremst aus und blockiert uns.

Wo ist also der Gewinn von Leid? Der Gewinn ist wieder eine scheinbare Sicherheit, weil das Leid vertraut ist, weil es bleibt, wie wir es kennen und weil wir glauben, den Ist-Zustand berechnen zu können. Alles bekannt, vertraut und berechenbar. Berechenbarkeit erscheint sicherer und erträglicher als die Angst vor Veränderung. Das Streben nach Berechenbarkeit dominiert unser Denken und vor allem – sorgt es dafür, dass wir funktionieren. Kalkulieren und Risiken auszuschließen, vermittelt uns Stabilität. Aber nur aus der Instabilität heraus entsteht echte Stabilität in unserem Inneren.

Wenn wir bereit sind, das Instabile zuzulassen und uns selbst ehrlich zu begegnen, wenn wir das Risiko eingehen, unsere Überzeugungen zu hinterfragen, wenn wir bereit sind, unsere Schatten zu erforschen, wenn wir bereit sind, die Täuschungen, denen wir anhaften, zu ent–täuschen, begegnen wir der Wahrheit, und zwar unserer eigenen. Dann beginnen wir uns mit unserem ureigenen Wesen auseinanderzusetzen. Wir begegnen uns selbst. Wir hören auf, Marionetten zu sein. Wir befreien uns aus der Fremdbestimmung und leben selbstbestimmt. Wenn wir alle Teile unserer Person mitfühlend erforschen und kennenlernen, sie liebevoll annehmen und wertschätzen als einander bedingende Teile eines Ganzen, sind wir auf dem Weg in eine echte Stabilität. Dann folgt Authentizität, was bedeutet, dass unsere Gedanken, Gefühle und Handlungen übereinstimmen. Das ist das Ende der Selbstlüge. Dann wird die Angst vor Veränderung zum Motor, um mit der Veränderung zu beginnen. Das ist der Moment, an dem wir begreifen: Wir sind machtvolle, kreative Wesen. Wir haben die Wahl. Wir können die Dinge so sehen und wir können sie anders sehen. Jedes Ding, jede Erfahrung, jede Begegnung, jedes Tun hat zwei oder mehrere Seiten. Entscheidend ist, welcher Seite wir Aufmerksamkeit schenken. Es ist gut zu wissen: Dem, dem wir Aufmerksamkeit schenken, schenken wir Energie, es wird wachsen und sich entfalten. Im Guten, wie im Unguten. In die Stabilität zu kommen bedeutet, dass wir lernen, uns selbst gegenüber aufmerksam zu sein – uns selbst zu beobachten.

Das betrifft auch die Signale, die unser Körper uns sendet. Es lohnt sich nachzuspüren, was sich wie in uns anfühlt und wo wir es spüren. Auch in Begegnungen mit anderen. Der Körper spürt alles. Was sich ungut anfühlt, ist es auch. Unser Körper lügt nicht, unsere Gedanken können es durchaus. Wenn wir beginnen, unsere körperlichen Empfindungen wahrzunehmen, beginnen wir auf einem höheren Energieniveau zu schwingen.

Viele von uns haben die Beziehung zum eigenen Körper verloren oder nie entwickelt. Sich im Sportstudio schinden heißt nicht, den Körper zu verstehen, zu fühlen und zu achten. Mit jedem Schinden, ob physisch oder psychisch, überfordern wir ihn. Wir machen ihm Stress, wir schütten wahllos Adrenalin und Cortisol aus, Stresshormone, die den Körper vergiften, wenn wir uns ständig antreiben, uns ständig optimieren und uns keine innere Ruhe gönnen. Sogar wenn wir krank sind, hören wir nicht auf den Körper, sondern schlucken Pillen, damit er schnell wieder funktioniert. Er verlernt dabei sich selbst zu heilen. Unser Körper hat ein tiefes Wissen. Er umhüllt unsere Seele. Er ist das Gefäß, das die Seele ummantelt. Das sollten wir uns bewusst machen und auf ihn hören.

Damit bin ich wieder am Anfang. Wir hören uns nicht, wir fühlen uns nicht, wir schenken uns keine Zeit in der Stille mit uns selbst, um zu lauschen und zu spüren. Genauso machen wir es mit unserem Körper und seinen Botschaften. Wir missachten sie. Wir zerstören ihn damit und wir zerstören so unsere Seele. Der Mensch ist nicht vollkommen. Aber aus der Unvollkommenheit erwächst das Potential jeder individuellen und kollektiven Entwicklung. Aus dem Gewahrsein des Unvollkommenen erwächst das Streben nach Vervollkommnung, die einzig und allein eine Vollkommenheit für uns selbst sein kann.

Vollkommen sein: voll sein von uns selbst, sein, wer wir sind, entfalten, was in uns angelegt ist – voll ankommen. Dann beim anderen ankommen.

Das Gute wie das Schöpferische ist in uns angelegt. Ebenso wie das Ungute und das Zerstörerische. Wenn wir bereit sind, auch die weniger „guten" Seiten in uns anzunehmen, ohne sie zu verurteilen, abzuspalten oder gar zu verteufeln, setzt sich das höhere Selbst durch – der Kern unserer Ganzheit, und wir hören auf, alles, was wir an uns selbst nicht mögen oder hassen, auf andere zu projizieren.

Wir denken uns eine dualistische Welt, eine Welt der Gegensätze.

Indem wir „Ich" sagen, grenzen wir uns von allem ab, was wir als „Nicht-Ich" empfinden.

Wir Menschen sind „Gefangene" unserer Vorstellung von Gegensätzen. Löschen wir das eine aus, verschwindet das andere. Das eine ist ohne das andere nicht sichtbar und nicht begreifbar. Eins bedingt das andere. Gegensätze stehen in hoher Abhängigkeit zueinander. Diese Abhängigkeit bedeutet, dass hinter den Gegensätzen eine Einheit existiert, die wir mit unserem unbewussten Geist nur nicht als gleichzeitig wahrnehmen können. Unser Alltags-Bewusstsein ist nicht fähig, Einheit wahrzunehmen, es spaltet und zerlegt. Wir müssen unterscheiden und wir müssen entscheiden, um uns in der Welt zurechtzufinden. Aber hinter den von uns Menschen wahrgenommenen Gegensätzen liegt die Einheit, in der alles eins ist – das All-eins. Der Urgrund allen Seins ist das Nichts, gleichbedeutend mit dem Tao der Chinesen. Wir können uns das Nichts nur sehr schwer vorstellen. Unser Denken reicht da nicht hin. In

Wahrheit aber liegen in der Dualität zwei Aspekte derselben Wirklichkeit – zwei Seiten derselben Medaille.

„Wir Menschen sind Halbierte". Das erkannte schon Platon. Wir sind Halbierte, die sich nach Ganzheit sehnen, ohne sie mittels unseres Bewusstseins überhaupt wahrnehmen zu können, aber mit dem Drang danach, weil unsere Seele im Tiefsten darum weiß. Nehmen wir Luzifer, den Antagonisten des Göttlichen. Der gefallene Engel, dessen dunkle Seite der Hellen gegenübersteht und doch – in Wirklichkeit sind beide eins. Luzifer heißt wörtlich übersetzt „Lichtträger" oder „Lichtbringer". Er ist Symbol des Schattens und zugleich steht er für Erkenntnis, die Möglichkeit, zu verstehen, zu unterscheiden und in der Folge zu entscheiden, welchen Wolf wir füttern wollen. Aber wir spalten das Schattenwesen, das wir auch sind, ab und projizieren es ins Außen und auf andere. Wir schaffen Feindbilder und spalten in Gut und Böse. Mit jeder Abspaltung negieren wir Teile unserer Ganzheit und damit spalten wir wiederum uns selbst. All das sind untaugliche Versuche, denn der Schatten lässt sich nicht abspalten. Er begegnet uns nach dem Gesetz der Resonanz so lange im Außen, bis wir ihn in uns hineinnehmen – dahin, wo er hingehört. Das bedeutet Integration – ein wesentlicher Schritt auf dem Weg zur eigenen Ganzheit.

Je klarer wir uns über unsere Schatten werden, desto klarer erkennen wir uns selbst. Wir sehen den ganzen Menschen. Je mehr von unseren Schattenanteilen wir in unser Bewusstsein integrieren, desto weniger muss sich unser Unterbewusstsein mit ihnen befassen. Die dunklen Seiten unseres Wesens bekommen dann genügend Beachtung und brauchen die Resonanz im Außen nicht mehr, weil sie integriert sind. Damit minimiert sich die Abspaltung. Es ist nicht mehr nötig, dem zu begegnen, was wir noch nicht bearbeitet haben. Das erspart uns und anderen viel Leid. Alles, was nicht integriert ist, sucht sich den Spiegel in Gestalt einer Person, einer Situation oder einer Erfahrung. Und zwar zum Zweck der Bewusstmachung und mit der Forderung nach Er–lösung. Es ist also nicht ein Luzifer und es ist nicht die böse Welt, die uns das Böse liefert – es ist das unbearbeitete Böse in uns selbst – individuell und kollektiv – das uns mit dem „Bösen" konfrontiert. Es ist das Gesetz der Resonanz, das über Generationen wirkt, das Prinzip von Aktion und Reaktion. Es ist unser Höheres Selbst, das sich Erfahrungen sucht, um sich zu verwirklichen.

Das Unbewusste sucht sich Ausdruck, um uns aufmerksam zu machen, auf das, was nicht stimmt – durch seelische und körperliche Symptome, wenn wir nicht auf uns achten und nicht auf uns hören. Ein wildes Tier ist nicht gefährlich, wenn wir es in seiner Wildheit achten. Wenn wir seine Kreise nicht stören, nicht versuchen es einzusperren oder zu zähmen und es seines Wesens zu berauben, wird es uns nichts tun. Wenn wir eine beobachtende Distanz zu unserer dunklen Seite einnehmen – sie anschauen, erforschen, akzeptieren, achten und an ihr arbeiten – wird sie uns nichts mehr tun, wir ziehen das Dunkle im Außen nicht mehr an. Es wird es versuchen, aber es wird merken, dass es keine Chance hat, uns in seinen Sog zu ziehen.

   Das Dunkle dockt am Dunklen an. Das Leid am Leid, die Gewalt an der Gewalt, der Hass am Hass, die Angst an der Angst, Schuldgefühle an der Schuld – und umgekehrt: die Liebe an der Liebe, die Güte an der Güte, das Mitgefühl am Mitgefühl, usw.

   Alles, dem wir Aufmerksamkeit schenken, wächst.

Achten wir darauf, was oder wem wir Aufmerksamkeit schenken!

Machen wir uns bewusst, was wachsen soll.

Was wir pflegen und behüten wollen.

Seien wir achtsam.

Aufmerksam und achtsam sein heißt: Präsent sein. Zu hundert Prozent bei dem sein, was gerade ist und was wir gerade tun. Bewusst wahrzunehmen, was *jetzt* ist. Wach und anwesend sein, und zwar ganz. Nicht nur körperlich, nein – mit Körper, Geist und Seele.

Die meisten von uns haben verlernt, aufmerksam zu sein, oder sie haben es nie gelernt. Manche von uns sind sogar stolz auf ihre Fähigkeit zum multi-tasking. Aber ist es ein Grund stolz zu sein, das Baby zu füttern und nebenbei im Suppentopf zu rühren? Wäre es nicht heilsam für das Baby, die Mutter würde es mit ihrer ganzen Aufmerksamkeit und Liebe füttern? Auch für die Mutter wäre das heilsam.

Vieles gleichzeitig machen können als Qualität auszuzeichnen – eine irreführende wie ungesunde Modeerscheinung. Das ist hausgemachter Stress. Wie soll das, was wir tun, uns Zufriedenheit schenken, wenn wir ihm nicht unsere ungeteilte Aufmerksamkeit schenken?

Wer nicht hundertprozentig bei dem ist, was er gerade tut, ist nicht bei der Sache, nicht bei sich selbst, nicht bei seinem Gegenüber. Er ist immer auf der Flucht aus dem Moment. Aufmerksam sein heißt im Moment sein. Dazu müssen wir nicht meditieren. Es genügt, dem, womit wir gerade beschäftigt sind, unsere volle Be–Achtung zu schenken. Achtsamkeit und Aufmerksamkeit gehören zusammen.

Wie oft beobachte ich, dass Menschen sich unterhalten, und dann klingelt das Handy. Sofort entzieht der eine dem anderen seine Aufmerksamkeit. Das ist höchst unaufmerksam. Mehr noch, es ist Missachtung dem anderen gegenüber. Kann das Handy nicht warten? Es kann, aber wir können es nicht. Wir wollen immer und überall sein und das am besten gleichzeitig. Immer auf der Flucht – aus dem Moment – wohin? In den nächsten Moment – ohne den jetzigen Moment bewusst erfahren und erlebt zu haben.

Wer nicht fähig ist, aufmerksam zu sein, zerfleddert und verheddert sich. Er verheddert sich im Außen und entfernt sich von sich selbst und seinen Nächsten. Weil er nicht aufmerksam ist, verliert er das Wesentliche – den Moment und seine einmalige Qualität. Der Moment: das einzige, das wir sicher haben. Momente machen unser Leben aus. Aber wir rauschen achtlos durch sie hindurch und verpassen so ihre Qualität und nehmen ihnen die Intensität. Am liebsten würden wir sie aufspalten in Untermomente, damit auch alles hineinpasst. Wer alles vollpacken will, ist leer. Das Gefühl von innerer Leere sucht im Außen nach Fülle. Wer zu hundert Prozent bei dem ist, bei dem er gerade ist, wo er gerade ist oder womit er gerade beschäftigt ist, erfährt mehr Lebensqualität, weil er das Leben im Jetzt bewusst wahrnimmt. Er ist zufriedener als der, der sich ständig von dem, was gerade stattfindet, ablenken lässt. Letzterer fällt aus dem Moment, ohne ihn bewusst zu leben und zu verinnerlichen. Er verschwendet kostbare Lebenszeit. Im Moment sein heißt – bei dem sein, was gerade ist. Und dann kann aus dem, was ist, etwas werden und wachsen. Ein bewusster, schöpferischer Mensch ist im Moment. Er ist mit Leib und Seele bei dem, was er tut. Er lässt sich nicht ablenken – er ist bei seinem Tun und vor allem – er ist bei sich selbst.

Er ist achtsam.

Er ist erfüllt. Er spürt keine Leere.

Er hat nicht das Gefühl, etwas zu verpassen.

Er ist nicht auf der Flucht, sondern da wo er ist, ist er präsent.

Welch eine Lebensqualität.

Achtsamkeit ist die Basis jedes schöpferischen Aktes.

Egal ob wir Künstler sind oder in einem Büro, in einer Praxis oder sonst wo unsere tägliche Arbeit tun, wenn wir das, was wir tun, achtsam und aufmerksam tun, haben wir das Gefühl, dass es ein wertvolles Tun ist, und wenn wir das Gefühl haben, etwas Wertvolles zu tun, fühlen wir uns wertvoll.

Und damit schaffen wir wiederum Wertvolles im Außen.

Wenn wir aufmerksam und achtsam sind,
achten wir uns selbst und die anderen.
Vor allem – wir achten das Leben.
Und alles, dem wir Aufmerksamkeit schenken, wächst.

2

ANNEHMEN, WAS IST

Das Grundprinzip jeder Veränderung heißt: Annehmen was ist.

Unsere Schwächen, unsere Gefühle, unsere Ängste, unsere Wut, unsere Trauer, unser Selbstmitleid, unsere Scham, unsere Schatten, unsere Geschichte, all die sich widerstrebenden Teile, alles, was unser Ich ausmacht – annehmen.

All das sind wir.

Erst wenn es uns gelingt, uns selbst ganz anzunehmen, hören wir auf, gegen uns selbst zu arbeiten. Wir sagen bedingungslos Ja zu dem Menschen, der wir sind und hören auf, uns gegen uns selbst zu stellen. Wir hören auf, uns als „Fehler" zu begreifen, sondern achten und wertschätzen uns in unserer Ganzheit.

Wenn wir uns selbst achten und wertschätzen, sind wir selbstbewusst.

Wenn wir selbstbewusst sind, gehen wir bewusst mit uns selbst um.

Dann findet Veränderung statt.

Uns selbst annehmen ist der wichtigste Schritt auf dem Weg zu innerer Heilung.

3

ACHTSAMKEIT PRAKTIZIEREN
(Wenn das Herz wieder einmal schwer ist)

Du musst dafür nicht auf dem Kissen sitzen und meditieren.

Tu etwas, was dir hilft, im Jetzt zu bleiben. Achtsam.

Achte auf das, was du im Moment tust.

Tu es bewusst.

Ob das Arbeiten, Lernen, Kochen, Malen, Schreiben oder Musikhören ist – mach es bewusst, was bedeutet: Nimm bewusst wahr, was du gerade tust.

Achtsamkeit findest du schon in kleinen Momenten. Zum Beispiel, wenn du dich mit einer Tasse Tee in einen gemütlichen Sessel setzt und dich mit nichts anderem beschäftigst. Entdecke das Besondere in diesem kleinen Moment.

Bleib bewusst im Jetzt.

Je mehr du dich auf Dinge fokussierst, die du nicht kontrollieren oder vorhersehen kannst, je mehr du Szenarien einer unbekannten Zukunft durchspielst, desto mehr fütterst du Sorgen und Ängste und desto schwerer wird dein Herz.

Wenn du merkst, dass du ins Grübeln gerätst – sag laut Stopp, und wende dich wieder achtsam dem zu, was du gerade tust.

Wenn du spürst, dass Panik hochkommt – setze sich hin und atme ruhig ein und aus oder sprich laut mit dir selbst, wie du zu einem Kind sprechen würdest, dass sich fürchtet.

Höre dir eine beruhigende Meditation an. Konzentriere dich auf Geräusche im Raum.

Auch Bewegung hilft. Geh nach draußen und setze bewusst einen Schritt nach dem anderen.

Schau in den Himmel.

Der Blick nach oben kann vieles relativieren.

Lächle …

4

SELBSTFÜRSORGE
VERSUS SELBSTSUCHT

Es ist ein großer Unterschied, ob wir fürsorglich uns selbst gegenüber sind oder ob wir nur das tun, was für uns selbst gut ist, was uns selbst nützt und was wir selbst wollen, ohne Rücksicht auf andere zu nehmen. Es besteht ein großer Unterschied zwischen Selbstfürsorge und Selbstsucht.

Selbstfürsorge hat nichts mit Selbstsucht zu tun und Selbst-Sucht ist, wie das Wort schon sagt, niemals Selbstfürsorge.

Wer gut für sich selbst sorgt, schätzt sich selbst und das Leben wert.
Wer sich selbst und das Leben wertschätzt, wird auch andere Menschen und deren Leben wertschätzen.

Die liebevolle Achtsamkeit, die wir uns selbst schenken, der liebevolle Umgang mit uns selbst, ist immer begleitet von Herzenswärme, Mitgefühl, Güte und liebevoller Hin– und Zuwendung, etwas, das der Selbstsucht fremd ist.

Wer sich selbst liebevoll behandelt, wird auch andere liebevoll behandeln, ganz einfach – weil die Liebe zu uns selbst unser Herz öffnet.
Ein offenes Herz ist niemals selbstsüchtig.

5

VERGEBLICHES BEMÜHEN

Manche Menschen tragen viel Negativität in sich. Sie sind so negativ, dass sie uns bei jeder Begegnung schwächen. Wir geraten aus dem Gleichgewicht, wir fühlen uns müde, erschöpft und energielos. Nachdem wir Kontakt mit ihnen hatten, fühlen wir uns deprimiert oder wir sind wütend und traurig.

Diese Menschen ziehen uns runter mit ihrer destruktiven Denk– und Verhaltensweise, und wir versuchen immer wieder vergeblich, sie zu ändern. Wir wollen helfen. Wir werden vielleicht sogar dafür beschimpft, dass wir helfen wollen, oder man schiebt uns die Schuld dafür zu, dass es ihnen so mies geht. Diese Menschen sind wandelnde Fässer voller aufgestauter Wut und Selbstablehnung. Sie sind ständig gereizt, aggressiv und verbal destruktiv.

Manche von ihnen haben sich in der Opferrolle eingerichtet, manche von ihnen haben ein Suchtproblem, manche von ihnen sind zwanghaft in ihre unheilsamen Überzeugungen verstrickt, manche sind voller Neid und chronisch unzufrieden mit ihrem Leben. Egal was man macht, man kann es ihnen nicht recht machen. Egal, was man sagt oder tut, es führt zu nichts, manchmal verstärkt sich ihr negatives Verhalten sogar.

Negative Energie beeinflusst uns mehr, als wir denken.

Je mehr wir versuchen positive Energie dagegenzusetzen, desto kraftloser fühlen wir uns. Die Macht der

Negativität zieht uns in die Dunkelheit des anderen, je mehr wir dagegen ankämpfen. Wenn wir das spüren, ist es Zeit, diese Menschen sich selbst zu überlassen. Wir tun das, nicht um diese Menschen abzustrafen – wir tun das, um uns vor der Dunkelheit zu schützen. Wir tun das, weil wir begreifen: Der andere kommt nicht ins Licht, indem wir in seine Dunkelheit hinabsteigen.

Wir tun das, weil wir wissen: Wir haben keine Macht über andere Menschen.

Wir können andere Menschen nicht ändern und wir können ihnen nicht helfen, wenn sie unsere Hilfe verweigern. Keinem ist geholfen, wenn wir Energie verlieren und uns damit selbst schädigen. Aber wir helfen uns selbst, wenn wir gut für uns sorgen und vergebliches Bemühen sein lassen.

6

GRAUE TAGE

Graue Tage können uns ganz schön zusetzen.

Sie können uns Angst einflößen, sie können Sorgen, die wir haben, verstärken und dafür sorgen, dass alte Gefühle hochkommen. Besonders wenn wir erschöpft sind, machen uns graue Tage zu schaffen. Wir sind überzeugt davon, dass wir gewisse Dinge nie auf die Reihe bekommen, wir machen uns Gedanken über die Zukunft und sehen nur das, was wir befürchten. Wir versuchen dann Menschen, Situationen oder Dinge zu kontrollieren, um unsere Ängste zu kompensieren. Wenn wir uns in diesem Zustand befinden, fühlt sich alles in uns eng an, wir fühlen uns klein, schwach und bedürftig und sind unfähig, uns gut um uns selbst zu kümmern. Wir verstricken uns in das Affengeschnatter in unserem Kopf und klares Denken fällt uns schwer.

Wie kommen wir da heraus?

Indem wir uns bewusst machen: Menschen, Situationen und Dinge zu kontrollieren, um unsere Ängste zu betäuben, hilft uns nicht. Es ist unsere Aufgabe, wieder ins Gleichgewicht zu kommen.

Wir erkennen an: Wir wissen nicht, was kommt.

Wir spekulieren erfolglos in eine unbekannte Zukunft. Es ergibt also keinen Sinn, sich um etwas zu sorgen, über das wir absolut nichts wissen. Es ist aber sinnvoll, zu wissen, was im JETZT das Richtige ist.

Was ist jetzt zu tun?

Wir sind bereit, unsere täglichen Aufgaben zu meistern, und zwar im Jetzt. Wir bleiben im Moment. Wir öffnen unser Gewahrsein für den Moment.

Was ist jetzt dran?

Was ist jetzt unsere Aufgabe?

Was können wir jetzt tun?

Und dann tun wir es.

Sobald wir die Dinge gelassener sehen und zuversichtlich akzeptieren, hört das Affengeschnatter im Kopf auf. Und es wird heller in uns.

DIE RUHE DES SICH-SEIN-LASSENS

Wenn wir ein Problem haben, versuchen wir es mit bestimmten Mitteln zu lösen. Haben wir damit keinen Erfolg, versuchen wir weiter es mit den gleichen Mitteln zu lösen. Wir machen mehr vom selben, weiter mit demselben. In unserem Frust verstärken wir unsere Anstrengung. Unser Frust wächst. Wir verschwenden noch mehr Energie, um das Problem auf die alte Weise zu lösen, die wir bereits vergeblich angewendet haben. Wir sitzen in der Falle.

Wenn sich ein Problem nicht lösen lässt, wenn unsere Mittel versagen, dann ist es ein Problem, das in diesem Moment in der Zeit nicht zu lösen ist, weil uns die geeigneten Mittel fehlen.

Wir haben noch nicht die nötige Information über das, was wir brauchen.

Dann lassen wir los.

Wir lassen es sein.

Dann kann sich in der Ruhe des „Sein Lassens" die Lösung zeigen, die wir vor lauter Anstrengung nicht sehen konnten.

8

WENN ES BEWUSST VERLETZT, IST ES KEINE LIEBE

Beziehungen sind gleichermaßen Segen und Verderben. Beziehungen sind ein Quell der Freude und des Glücks als auch tiefer Traurigkeit. Beziehungen können uns wohltun und sie können uns verletzen oder sogar zerstören.

In jeder Beziehung kann es geschehen, dass wir einen geliebten Menschen verletzen, ohne es zu wollen. Dann tut es uns leid, wir entschuldigen uns und achten darauf, es nicht wieder zu tun. Wir gehen achtsam mit dem anderen um. Wir gehen sorgsam mit seiner Seele um. Wir sind vorsichtig mit dem, was wir sagen und tun, weil wir das Beste für den anderen wollen. Wir wollen, dass es ihm gut geht.

Ein Mensch aber, der uns immer wieder absichtlich verletzt, der uns herabwürdigt, bewusst kränkt oder Schmerz zufügt, will nicht unser Bestes. Dieser Mensch ist niemand, dem wir in unserem Leben noch einen Platz geben sollten.

Niemand, der dich wirklich liebt und dem dein Wohlergehen am Herzen liegt, wird dich absichtlich verletzen.

Lass diesen Menschen gehen.

Erinnere dich daran: Du bist liebenswert, du wirst die Liebe, die du brauchst, bekommen, vorausgesetzt du lässt es zu.

ES IST SCHWIERIG

Ja, es ist schwierig.

Aber bitte, was ist denn deine Erwartung, nachdem du dein Päckchen über Jahrzehnte, seit du ein Kind warst vielleicht, mit dir herumschleppst und es immer wieder vor dir selbst auspackst und es dir wieder und wieder reinziehst, was an Schwierigem darin ist?

Wie soll das denn leicht sein?

Steckt hinter diesem „Es ist schwierig!", nicht die infantile Annahme, das Leben hätte eigentlich leicht zu sein und Traumata könnten sich einfach so auflösen?

Das tun sie nicht.

Das tun sie schon gar nicht, wenn du nichts oder nur halbherzig etwas dafür tust.

Das tun sie vielleicht auch nicht, wenn du ganz viel dafür tust.

Das tun sie schon gar nicht, wenn du sie mit aller Macht weghaben willst.

Weil es eben schwierig ist.

Ja, es ist schwierig.

Das könntest du akzeptieren. Erst einmal.

Was schwierig ist, ist nicht leicht.

Aber wie willst du das Leichte erfahren, wenn du das Schwierige nicht erfährst?

Du hast das Schwierige, um das Leichte zu erkennen.

Du hast es, um es leichter machen zu dürfen.

Leichter im Schwierigen.

Dafür kannst du dich entscheiden.

Du kannst bereit sein, das Schwierige als Aufgabe zu erkennen und sie anzunehmen.

Dann hört deine Klage auf.

Dann hört deine Vorstellung von „wie es zu sein hat" auf.

Dann hört deine Ungeduld auf.

Dann kommt Ruhe in deinen Kopf.

Dann bist du in der Akzeptanz dessen, was ist, ob schwierig oder leicht.

Vielleicht genügt das erst einmal: Es ist schwierig. Und Punkt.

Je mehr du das Schwierige als schwierig empfindest, je mehr du es betonst, dich beklagst, dagegen kämpfst, desto weniger wird es dir gelingen, das Leichte zu erfahren.

Du willst es hinter dich bringen, das Schwierige.

Mit einem Rat, einer Übung, einem super Therapeuten, einem Wunder vielleicht.

Vielleicht gelingt es, vielleicht gelingt es nicht.

Wie wäre es, wenn du dem Schwierigen Raum gibst, um es zu beobachten, ohne es zu bewerten?

Warum gegen die Wirklichkeit des Schweren so verbissen ankämpfen?

Auf diese Weise kannst du nichts gewinnen.

Ja, es ist schwierig.

Es ist okay.

Es darf sein.

Nur was sein darf, kann auch gehen.

10

ÜBER DAS BRAUCHEN

Meine Freundin meinte kürzlich, sie kenne keinen Menschen, der so gut allein sein kann wie ich. Alleinsein sei für sie nicht auszuhalten, sie wisse dann gar nicht, was sie mit sich anfangen soll. Meine Freundin braucht Menschen um sich herum und Action und sie sorgt dafür, dass sie die hat. Sie hat immer ein volles Haus und wenn es leer ist, geht sie aus. Ich gehe nicht gern aus, ich brauche das nicht. Das war schon vor der Pandemie so. Ich bin gern zuhause. Das kann ich tagelang so betreiben und wenn ich es zu lange betreibe, dann treibt mich irgendwann nichts mehr raus, außer die Tatsache, dass der Kühlschrank leer ist und ich für meine täglichen Einheiten an körperlicher Bewegung sorgen muss. Gut, dass ich hinausmuss, sonst würde ich am Ende aus dem Alleinsein eine Eremitei machen und das ist nicht gesund.

Aber brauchst du denn keine Menschen?, fragte mich meine Freundin, nachdem ich ihr das sagte. Natürlich mag ich mit Menschen zusammen sein, aber ich habe, was das Brauchen angeht, so meine Bedenken. Ich will keine Menschen brauchen, ich will mit Menschen sein, ohne sie brauchen zu müssen, denn das Brauchen, das habe ich gelernt, führt am Ende zu verbrauchten Menschen, die große Mühe haben, ohne das Gebrauchtwerden und das Brauchen des anderen zu sich selbst zu finden, um herauszufinden, was sie wirklich brauchen.

Was brauchen wir wirklich?

Was brauchst Du?

Nicht viele von uns wissen das so genau. Viele von uns kleben am Unbrauchbaren fest, weil es zur Gewohnheit geworden ist, das oder jenes, den oder die zu brauchen, weil wir *denken*, dass wir es oder jemanden brauchen. Wir füllen Lücken in unserem Leben, um das, was wir wirklich brauchen, erst gar nicht spüren zu müssen, denn es tut weh, wenn diese Lücken sich auftun, wenn sie uns in ihre schwarzen Löcher ziehen und wir in ihnen nichts finden, weil das Wesentliche unseres Brauchens nicht von unten in Leuchtschrift zu uns heraufglimmt, um Licht in das emotionale Dunkel zu bringen, das vor lauter vermeintlichem Brauchen und Gebraucht-Werden-Wollen ums Verrecken nicht weichen will.

Ich will niemanden brauchen und ich will nicht gebraucht werden. Ich mag Menschen, die mich mit all dem, was mich fasziniert und ausmacht, mit all dem, wofür ich lebe, verstehen und gern mit mir zusammen sind. Ich mag mit Menschen sein, die auf dem gleichen Weg sind und mit denen ich teilen kann, was ich liebe und was mich beschäftigt. Eben nicht das gegenseitige Brauchen, sondern Interesse, Verstehen und Inspiration, und zwar gegenseitig. Lieben und Brauchen sind zwei völlig verschiedene Dinge. Es hat lang gedauert, bis ich das begriffen habe. Immer wieder habe ich das eine mit dem anderen verwechselt.

Ich habe es verwechselt, weil ich es nicht aushalten wollte, dieses Gefühl, das sich anfühlte wie Mich-Auflösen, wenn da keiner war, der mich brauchte, dieses Gefühl: Du brauchst jemanden, der dir hilft, das Leben zu bewältigen in guten und in schlechten Zeiten. Aber so ist es nicht. Was ich nicht bewältigen kann, was ich nicht schaffe, kann kein anderer für mich er-schaffen.

Er kann mich begleiten, mir Mut zusprechen, er kann mich halten, wenn ich am Kippen bin, er kann mich unterstützen, es zu schaffen, aber schaffen muss ich es allein. Und ja, das Allein-Schaffen fühlt sich bisweilen ziemlich einsam an.

Aber was macht wirklich einsam? „Einsamkeit entsteht nicht dadurch, dass man keine Menschen um sich hat, sondern vielmehr dadurch, dass man ihnen die Dinge, die einem wichtig erscheinen, nicht mitteilen kann." Diese Worte sind von dem großen Analytiker Carl Gustav Jung, und für mich sind sie wahr.

Menschen zu finden, denen wir uns mit dem, was uns wichtig ist, mitteilen können und die das auch wirklich hören und verstehen, ist nicht einfach, denn diese Menschen finden wir eben nicht dort, wo Action ist und auch nicht dort, wo man uns braucht oder wo wir gebraucht werden wollen. Es gibt Zeiten im Leben, da gibt es diese Menschen nicht. Dann finde ich sie in den Worten der Bücher, in den Tönen der Musik, in den Bildern einer Ausstellung, oder indem ich male und schreibe. Ich gehe in Resonanz mit den Menschen, die all das geschaffen haben, und fühle mich verbunden.

Wenn wir in unserem Jetzt diese Verbundenheit in dem Maße, wie wir sie uns wünschen, nicht finden, dann sind wir wieder bei der Frage, was wir wirklich brauchen, um dieses Leben zu gestalten, um Liebe zu fühlen für dieses Leben, eine Liebe, die nicht braucht und nicht gebraucht werden will. Leicht ist das nicht, denn auch Selbstliebe enthebt uns der Sehnsucht nach Verbundenheit nicht.

Was brauchen wir, um damit zu leben, dass es das, was wir brauchen, (noch) nicht gibt?

Wir brauchen Vertrauen und innere Stärke. Und das eine bedingt das andere.

Was ist das, innere Stärke?

Manche von uns bekommen sie in die Wiege gelegt, manche von uns suchen ein Leben lang danach, bei manchen von uns wächst sie im Laufe des Lebens aufgrund von Erfahrungen, aus denen wir gestärkt hervorgehen.

Innere Stärke beginnt auch bei der oft unterschätzen Tatsache, wie wir mit uns selbst sprechen und wie wir mit uns selbst umgehen. An diesen Umgangsformen mit uns selbst können wir etwas verändern. Wenn wir uns immer wieder selbst sagen, was wir nicht können, was wir nicht haben, was wir nicht sein werden, was wir nicht finden können, was wir brauchen und nicht haben, wird der Klang dieser Gedanken zu einer sich ewig wiederholenden traurigen Melodie. Diese Melodie füttert unsere Gefühle. Schlecht zu uns und über uns selbst sprechen wirkt wie eine sich selbst erfüllende Prophezeiung. Darum ist es so wichtig, unsere gedanklichen Töne und Melodien zu erkennen und sie zu hinterfragen, denn oft sind diese im Missklang.

Warum nicht umdenken, um das in unser Leben zu holen, wonach wir uns sehnen und was wir wirklich brauchen?

Sicher, einfach ist das nicht, aber ist es wirklich einfacher, die immer gleiche traurige Melodie abzuspielen? „Ach, ich schaffe das nicht, ach, ich bin eben, wie ich bin, das ist doch alles Mumpitz, was die schreibt", oder: „Das habe ich doch alles schon versucht und es hat nichts gebracht," las ich neulich in einem Kommentar zu einem meiner Texte auf Facebook. Wenn ich so denke, bringt das wirklich nichts.

Stellt sich noch die Frage: Wenn ich weiß, was ich wirklich brauche, bekomme ich es dann auch? Ja, wenn ich es unabhängig von Anderen mache, wenn ich eine tiefe

Motivation habe und eine klare Vision, denn das hat Kraft. Wenn ich weiß, was ich wirklich brauche, werde ich zunächst alles Unbrauchbare, das ich zu brauchen glaubte, nicht mehr in meiner Gedankenmelodie festhalten. Ich werde mich verabschieden von den schiefen Tönen.

Ich werde neue Töne komponieren. Ich werde vielleicht sogar erkennen: In Wirklichkeit ist alles, was ich brauche, schon da. Und was nicht da ist, brauche ich in diesem Moment nicht. Das zu akzeptieren, ist für mich Lebenskunst. Dazu gehören zugegebenermaßen Demut und ein hohes Maß an Vertrauen in Gott oder das Leben selbst, das uns eben nicht immer gibt, was wir uns wünschen, sondern Herausforderungen, um zu lernen und um zu wachsen.

11

N E U – E R – F I N D U N G

Gewahrsein: Spüren und wahrnehmen und zugleich wissen, dass man spürt und wahrnimmt.

Identitätsstiftendes Gewahrsein: Das Gefühl, Ich zu sein.

Dieses Gewahrsein hilft uns, unsere Lebenserfahrung als Einheit zu erfassen, und unsere Eindrücke und Empfindungen als zu uns gehörig. An dieses Gewahrsein unserer Identität sind wir so gewöhnt, dass wir uns bewusst gar nicht mehr wahrnehmen.

Plötzlich blicken wir eines Morgens in den Spiegel und fragen uns:

Wie, das bin ich?

Wir betrachten dieses Ich und fragen uns: Will ich das noch sein?

Schau mal genau hin! Ist das wirklich dein Leben?

Und weiter: Was mache ich hier eigentlich?

Will ich so weitermachen?

Will ich weiter an meinen alten Glaubensgebäuden mauern oder will ich sie abtragen?

Will ich weiter an etwas festhalten, das sich als nicht hilfreich und unheilsam für mich erwiesen hat?

Will ich weiter Illusionen hinterherlaufen, die ich niemals einholen kann?

Will ich weiter so tun, als sei alles in Ordnung, wenn es das nicht ist?

Will ich weiter lächeln, auch wenn mein Lächeln nicht echt ist?

Oder will ich jetzt ehrlich zu mir selbst sein und sagen: Nein, dieses Ich bin ich nicht mehr!

Ich bin aus meinem alten Ich herausgewachsen.

Ich will mir nicht mehr vormachen, zu sein, was ich zu sein glaubte.

Ich will nicht mehr machen, was ich mache, nur weil ich das schon immer so mache.

Ich will nicht mehr am Alten festhalten, nur weil ich noch nichts Neues gefunden habe.

Ich will das nicht mehr sein.

Ich will lebendig sein, ich will mutig sein, ich will neugierig sein, ich will mehr gute Tage, ich will raus aus der alten Haut.

Und was ich sein will, das will ich jetzt herausfinden!

12

IM FLUSS BLEIBEN

Dich von der Angst lösen.

Dich vom Bedürfnis nach Kontrolle lösen.

All das sein lassen und dich dem gegenwärtigen Moment überlassen.

Aufhören die Dinge zu erzwingen.

Den Strohhalm loslassen, an dem du klammerst.

Dich vom inneren Fluss tragen lassen.

Untertauchen und wieder auftauchen.

Den Mut und die Hoffnung nicht verlieren.

Gut auf dich achten.

Grenzen setzen.

Deine Kräfte nicht verausgaben.

Nicht alles zerdenken.

Dir selbst vertrauen.

Dann kehrt Ruhe ein.

13

VERTRAUEN IN DICH SELBST

Vertraust du dir selbst?

Manche von uns glauben, wir können uns selbst nicht vertrauen, weil mit uns etwas nicht stimmt. Weil wir Fehler machen, weil wir nicht gut genug sind, weil wir nicht stabil genug sind, weil wir nicht erreichen, was wir uns wünschen, weil wir keinen haben, der mit uns durchs Leben geht, weil wir immer wieder an unseren Ängsten und Neurosen scheitern, immer wieder in die gleichen Fallen tappen, weil wir psychisch angeschlagen sind, weil wir unglücklich sind oder was auch immer wir an Ungutem über uns selbst denken. Wir haben Scham- und Schuldgefühle, weil wir nicht souverän, selbstsicher, glücklich und in allen Lebenslagen erfolgreich sind und dann glauben wir noch weniger an uns selbst.

Es gibt Menschen, die es ausnutzen, wenn sie spüren, dass wir kein Vertrauen zu uns haben. Wenn uns das Vertrauen in uns selbst fehlt, sind wir im Tiefsten allein und unsicher. Wir wanken, sobald man uns angreift, wir glauben, was andere uns über uns sagen, wir lassen uns aus der Mitte bringen. Wir sind leicht zu verunsichern, emotional ausbeutbar und manipulierbar.

Ohne Selbstvertrauen sind wir die Marionetten anderer, die mit genau den unheilsamen Karten spielen, von denen wir glauben, sie wären der Grund dafür, dass wir uns nicht vertrauen können.

Ohne Vertrauen in uns selbst sind wir bodenlos.

Angst, Zweifel und Verwirrung sind unsere Begleiter.

Vertrauen in uns selbst ist ein Geschenk, das wir uns selbst machen.

Wie können wir Vertrauen in uns entwickeln?

Wir akzeptieren uns so, wie wir sind, mit all unseren Macken und Fehlern. Wir beginnen an uns zu arbeiten. Allein diese Erfahrung lässt bereits Selbstvertrauen entstehen. Nur wir allein wissen, was wir fühlen, was wir brauchen, was gut für uns ist und was nicht.

Wenn wir uns irren, wenn wir Fehler machen, wenn wir scheitern, versuchen wir zu korrigieren, was möglich ist. Wir akzeptieren unsere Fehler als Erfahrungen, aus denen wir lernen dürfen und schenken uns weiter Vertrauen. Wem, wenn nicht unserer eigenen Wahrheit, können wir vertrauen?

Wenn wir uns selbst vertrauen, sind wir sicher in uns selbst und aufgehoben.

Wenn wir uns selbst vertrauen, wissen wir, wann wir Unterstützung brauchen und holen sie uns.

Wenn wir uns selbst vertrauen, übernehmen wir die Kontrolle über unser Leben und finden Lösungen, anstatt Energie für Entschuldigungen, Selbstbeschuldigungen und Rechtfertigungen zu verschwenden.

Wenn wir in uns selbst vertrauen, wissen wir: Niemand ist perfekt und wir müssen es auch nicht sein.

Wenn wir uns selbst vertrauen, vergleichen wir uns nicht mit anderen.

Wenn wir uns selbst vertrauen, wissen wir um unser Warum und was uns wichtig ist. Wir sind uns selbst und unseren Werten treu und leben sie.

Wenn wir uns selbst vertrauen, gestehen wir uns unsere Wünsche, Sehnsüchte und Bedürfnisse ein und sprechen sie aus.

Wenn wir uns selbst vertrauen, laufen wir keinem hinterher, dem wir nicht wichtig sind. Wir verbiegen uns nicht, nur um anerkannt und geliebt zu werden.

Wenn wir uns selbst vertrauen, lassen wir uns nicht unter Druck setzen und nicht unterdrücken.

Wenn wir uns selbst vertrauen, lassen wir von allem, was toxisch für uns ist, los.

Wenn wir uns selbst vertrauen, lassen wir uns nicht von unserer Angst daran hindern, unser „bestes Selbst" zu werden. Egal wie lange es dauert.

Mögest Du Dir selbst vertrauen!

14

LOSLASSEN

Im Grunde ein schönes, ein leichtes Wort.

Loslassen spricht von lösen, lassen, ganz im Gegenteil zu *fest* und *halten*. Festhalten spricht von Enge, von Krampf und Kampf.

Seltsam, nicht wahr?

Was Worte, wenn man sie sich genau anschaut, uns sagen können.

Aber das Sagen, was nützt das schon?

Und das Verstehen, was nützt das schon, wenn wir nicht fühlen, was wir verstehen?

Loslassen ist schwer.

Es schmerzt.

Ich glaube, wir Menschen sind nicht für das Loslassen geschaffen.

Warum sonst fällt es uns so schwer? Warum sonst macht es uns Angst?

Weil wir im Loslassen etwas hergeben müssen.

Wir verlassen etwas.

Wir lassen es sein, freiwillig oder unfreiwillig.

Wir lassen es zurück.

Etwas, das uns wichtig war.

Wir verlieren etwas.

Wir erfahren den Verlust von etwas, das Teil unserer Identität war.

Wenn wir etwas oder jemanden verlieren, der zu einem Teil unserer Identität geworden ist, verlieren wir damit einen Teil unserer Identität. Das schmerzt.

Wir Menschen wollen Schmerz vermeiden. Wer hat schon gern Schmerzen, das Leben ist schwer genug. Und es ist ja auch kein kurzer Schmerz, loslassen bedeutet meist, es ist ein langer Schmerz, der uns bevorsteht, den wir aushalten müssen und gegen den es kein Mittelchen gibt, um ihn schnell wegzumachen.

Loslassen schmerzt im Tiefsten unserer Identität.

Es bricht etwas ab, über das wir uns definiert und empfunden haben. Das reißt eine Lücke, von der wir nicht wissen, wie wir sie füllen sollen.

Aber der Gedanke „Ich muss diese Lücke jetzt füllen", macht es uns noch schwerer, bereitet uns noch mehr Schmerzen und stürzt uns in das Gefühl der Angst. Was, wenn dieser Schmerz nie vergeht, was, wenn die Lücke sich nie mehr füllen lässt?

Was wäre, wenn wir diese Lücke gar nicht füllen müssen?

Was, wenn wir ihr die Erlaubnis geben: Du darfst da sein, solange du da sein willst.

Wir dürfen uns die Lücke anschauen, solange wir sie anschauen wollen. Darin finden wir Erinnerungen, die schönen und die weniger schönen. Und irgendwann formen sie das Bild von dem, was war in seiner Ganzheit und wir verstehen, warum wir loslassen müssen. Wir fühlen, es ist an der Zeit es zu lassen, das sein zu lassen, was es war.

Und das Herz wird ruhiger.

Und der Schmerz lässt nach.

Und wenn die Zeit gekommen ist, wird sich die Lücke wieder füllen.

15

SELBSTANNAHME

Selbstannahme basiert auf Selbstmitgefühl und das heißt
nicht: Ich bin auf immer und ewig happy, ich sehe alles positiv, ich bin ja so toll. Selbstannahme heißt, mit sich selbst
befreundet sein, was bedeutet: Ich nehme mich an, wie ich
bin, auch mit meinen Problemen im Innen und im Außen.
Selbstannahme ist eine große Kraft. Sie führt dazu, dass wir
uns selbst wertschätzend, achtsam, mitfühlend und fürsorglich behandeln, wie eine hinreichend gute Mutter es tun
würde, in guten und in schlechten Zeiten.

Wenn wir uns selbst anzunehmen lernen – und die meisten
von uns müssen es lernen, weil man es uns nicht gelehrt hat
– lernen wir, dass wir selbst die Verantwortung für uns und
unseren Weg durch unser Leben übernehmen. Wir lernen
auch, dass es keinen Menschen auf der Welt gibt, der uns
den Mangel an Liebe auffüllen kann, an dem wir leiden. Wir
lernen anzunehmen, dass uns das traurig macht. Wir lernen,
dass auch die Traurigkeit zu uns gehört, und wir lernen,
dass sie uns kein anderer abnehmen oder wegmachen kann.
Wir lernen Ja zu sagen zu dem, was ist und zu dem, der wir
sind, und hören auf, wie kleine Kinder Heilsversprechen
oder Gurus nachzulaufen, die uns die Erlösung liefern sollen.

Keiner erlöst uns. Das kann kein anderer für uns tun.
Ein anderer kann uns begleiten und Möglichkeiten offen-
baren, aber Erlösung geschieht, indem wir an uns selbst

arbeiten. Jemand kann uns begleiten, jemand, der diesen Weg selbst gegangen ist.

Wer diesen Weg selbst gegangen ist, wird niemals behaupten: Ich kann dich heilen! Er weiß um die Wahrheit: Heilung findet in uns selbst statt. Auf diesem Weg kann er uns die Hand halten und uns begleiten, gehen aber müssen wir ihn selbst. Vielleicht ist es ein langer Weg. Gehen wir ihn nicht, bleiben wir diese traurigen, sehnenden Suchenden.

16

ABGRENZEN DÜRFEN WIR ÜBEN, JEDEN TAG IMMER WIEDER

Es ist nicht gut, immer alles hinzunehmen. Es gibt Menschen, die verwechseln unsere Gutmütigkeit mit Schwäche und nutzen uns aus. Manchmal musst du im Leben klare Grenzen ziehen. Nicht um andere zu verletzen, sondern um dich selbst vor Verletzungen zu schützen.

Nimm dir einen Moment Zeit zur Selbstreflexion, wenn du:

… dich elend fühlst und nicht weißt, warum dein Leben nicht so ist, wie du es dir wünschst.

… dich traurig, wütend oder hilflos fühlst.

… merkst, dass deine Stimmung stark vom Verhalten anderer abhängig ist.

… dich immer um andere kümmerst, für andere sorgst und dir für dich selbst die Energie fehlt.

… dir überlegst, wie du andere beeinflussen oder kontrollieren kannst.

… das Gefühl hast, dass du in deiner Beziehung leidest.

… aufgehört oder nie angefangen hast, dein eigenes Leben zu leben.

Wenn du magst, beantworte dir dann ehrlich folgende Fragen:

Hast du:

… sehr oft Ja gesagt, obwohl du Nein meintest?

… Angst, deinen Gefühlen zu vertrauen?

… versucht, anderen auf eine Art zu helfen, die nicht geholfen hat?

… Lügen geglaubt und dich im Anschluss betrogen gefühlt?

… obwohl du belogen und betrogen wurdest, den anderen aus Angst, ihn zu verlieren und dann alleine zu sein, entschuldigt?

… negative Gefühle unterdrückt und geschwiegen, wenn andere dich mit ihrem Verhalten verletzt oder enttäuscht haben?

… überreagiert, wenn andere dich mit ihrem Verhalten verletzt haben?

… das tiefe Bedürfnis, von anderen Menschen gemocht und akzeptiert zu werden?

Warst du als Kind Lieblosigkeit, Ablehnung, Demütigung, Vernachlässigung und emotionalem oder körperlichem Missbrauch ausgesetzt?

Kennst du Sätze, wie:

Sei nicht so eingebildet! Die anderen sind besser als du!

Steck deine Bedürfnisse zurück!

Du taugst nichts!

Du machst uns nur Kummer!

Aus dir wird nichts!

Besser, du wärst nicht geboren!

Solche Sätze prägen unser Selbstbild und unser Verhalten.

Wir glauben irgendwann, dass wir es nicht wert sind, geachtet und geliebt zu werden. Wir glauben, dass wir es nicht wert sind für das, was wir sind, gesehen und anerkannt zu werden.

Und genauso lassen wir uns behandeln.

Wir haben irgendwann verinnerlicht, dass wir keine gute Behandlung verdient haben.

Dieses destruktive selbstschädigende Programm ist in unserem Gehirn gespeichert. Es wird zur inneren Überzeugung über uns selbst. Es verhindert, dass wir uns einen Partner suchen, der uns wertschätzt und liebevoll mit uns umgeht. Werden wir einmal wertschätzend behandelt, misstrauen wir dem Gegenüber. Die Stimme in unserem Inneren sagt dann ganz laut: Der meint es nicht ernst, du bist es nicht wert!

In welchen Bereichen verlässt du dich selbst, nur um nicht abgelehnt oder verlassen zu werden?

Zähle bitte alle Bereiche auf.

Wo verlierst du dich in den Erwartungen und Bedürfnissen anderer in einem Maße, dass du deine Gefühle und Bedürfnisse nicht mehr spüren kannst?

60

Mit welchen Strategien führst du einen Kampf, um geliebt zu werden?

Was tust du, um anderen zu gefallen oder es ihnen recht zu machen, obwohl es deiner tieferen inneren Überzeugung widerstrebt und obwohl du genau spürst, dass du dem anderen nicht wichtig bist?

Du willst es anderen immer recht machen?

Das ist eine unbewusste Taktik, um Konflikte zu vermeiden. Streitereien, die dir aus der Kindheit vertraut sind und die damit verbundene schmerzhafte Erfahrung, willst du um jeden Preis verhindern. Konflikte machen dir Angst. Diese Angst ist alt. Es ist die Angst des Inneren Kindes, das diese Gefühle unbedingt vermeiden will. Also passt es sich aus Selbstschutz an. Der Preis, den es dafür zahlt, ist hoch: die Selbstverleugnung. Dein inneres Kind kann lernen: Heute bin ich erwachsen. Ich bin in der Lage, mit diesen Gefühlen umzugehen.

Manchmal haben wir Angst, die Menschen, die wir lieben, mit dem zu konfrontieren, was wir fühlen und uns wünschen. Wir haben Angst, unsere Bedürfnisse auszudrücken, aus Angst zurückgewiesen, nicht mehr geliebt oder verlassen zu werden.

Stattdessen verbergen wir unsere wahren Gefühle, weil wir glauben, negative Reaktionen, wie z.B. die Zurückweisung durch andere Menschen, nicht aushalten zu können.

Grenzen setzen ist Selbstfreundschaft

Das Wichtigste beim Setzen unserer Grenzen besteht darin, sie klar und deutlich zu formulieren, sie freundlich zu kommunizieren und dann auch zu ihnen zu stehen. Immer wenn du Grenzen setzt und sie dennoch verletzen lässt oder sie selbst nicht achtest, verlierst du an Selbstwertgefühl. Die Folge: Du fühlst dich klein und hilflos und funktionierst weiter im Sinne der anderen.

Habe den Mut, dich abzugrenzen!
Wenn du nicht selbst die Prioritäten für dein Leben setzt, wird es jemand anders tun.

Du kannst gedanklich Grenzen für dich aufgestellt haben. Sie nützen dir aber rein gar nichts, wenn du sie nicht klar aussprichst und sie dann auch verteidigst. Um sie zu verteidigen, brauchst du Mut. Der Mut wächst mit jedem Mal, wenn du deine Grenze achtest und wahrst. Du brauchst dich für ein klares NEIN weder zu entschuldigen noch zu rechtfertigen. Wichtig ist ein selbstsicheres Auftreten, um der anderen Person freundlich und bestimmt begegnen und sagen zu können, was ist.
Lasse dich nicht von Gegenargumenten oder Manipulationsversuchen verunsichern.
Bleibe bei dem, was du entschieden hast.
Bleibe bei dir, wahre deine Grenzen und stehe zu deinen Entscheidungen.
Je öfter du das tust, desto leichter wird es dir fallen, deine Grenzen zu schützen. Egal, ob gegenüber deinem Partner, der Familie, den Kindern, Freunden, Mitarbeitern oder Vorgesetzten.
Es braucht konsequente Übung, aber schon bald wirst du spüren, wie viel besser du dich fühlst, wenn du für dich selbst einstehst. Dein Selbstwertgefühl und deine Selbstachtung werden wachsen.
Wenn Du magst, schreibe dir folgenden Satz auf eine Karte und stelle sie dort auf, wo du oft hinsiehst:

„Ich lasse mich nicht schlecht behandeln, ich verleugne mich nicht vor mir selbst, ich lasse mich nicht mehr benutzen, um die Erwartungen anderer zu erfüllen.

Ich verleugne mich nicht, egal in welcher Situation.

Meine Zeit und ich sind kostbar und wertvoll.

Ich verbringe meine Zeit nur mit Menschen, die mich achten und wertschätzend behandeln. Der Rest kann seiner Wege gehen."

17

ABWARTEN KÖNNEN

Wenn das Ziel nicht klar ist
Warte ab.
Wenn die Antwort nicht da ist
Warte ab.
Wenn die Zeit nicht reif ist
Warte ab.

Abwarten fällt vielen von uns schwer. Wir wollen alles schnell lösen, indem wir etwas tun. Abwarten ist weder leicht, noch ist es angenehm. Abwarten kann sich anfühlen wie verlorene Zeit. Wir fühlen uns unfähig, hilflos und schwach, wenn wir nichts tun können. Wir setzen uns unter Druck.

Wir müssen uns nicht unter Druck setzen.

Wir müssen nicht für alles sofort eine Lösung haben.

Im Zweifel tun wir nichts.

Indem wir abwarten können, beweisen wir mehr Stärke, als wenn wir kopflos irgendetwas tun und übereilte Entscheidungen treffen, derer wir nicht sicher sind.

Abwarten heißt:

Wir beugen uns dem Druck nicht.

Wir haben Geduld.

Geduld bewahrt uns vor dem Verlust unserer Gelassenheit.

Wir vertrauen darauf, dass die richtige Zeit kommen wird.

18

E S   I S T   O K A Y

Die Dinge anzunehmen, die ich nicht ändern kann, ist schwer.

Es ist schwer, eine Situation anzunehmen, die wir so nicht wollen oder wenn wir mitten im Chaos stecken, „es ist okay" zu sagen.

Aber was heißt das eigentlich, „anzunehmen, was ich nicht ändern kann"?

Es heißt: Du musst nicht immer verstehen, warum es ist, wie es ist.

Du musst nicht alles mögen, was um dich herum passiert, noch musst du damit einverstanden sein.

Du musst nur aufhören, die Situation oder die Person ändern zu wollen.

19

DEN INNEREN KAMPF
AUFGEBEN

Der innere Kampf ist alles, was wir unternehmen, um schmerzhafte Erlebnisse, Gefühle, Gedanken oder Erinnerungen zu vermeiden. Wir laufen weg, wir leugnen, wir unterdrücken, wir kompensieren, wir stürzen uns in die Arbeit, wir lenken uns ab, wir ziehen uns von der Welt zurück, wir betäuben uns mit Essen, Vergnügen, Drogen und Alkohol. All das ist im Kampf gegen das innere Erleben sinnlos.

Der Versuch, unser Innerstes zu unterdrücken, gelingt nie.

Es ist nicht nur ein illusorisches Unterfangen, es trägt auch die Gefahr in sich, dass das, was wir nicht sehen und fühlen wollen, noch mehr Raum einnimmt und sich verstärkt. Der innere Kampf wird zur Falle, der Versuch, ihn zu vermeiden, wird zur Sucht, die eine immer höhere Dosis verlangt. Wer ständig verändern will, was er empfindet, verändert nichts. Wie jede Sucht macht uns das unfrei. Wir sind abhängig vom Kampf, das eigene innere Erleben zu ändern. Wir sind Gefangene unserer Selbst wie alle Süchtigen, die sich im Kampf gegen sich selbst und was sie nicht fühlen wollen, selbst zerstören.

Wie der Süchtige, der sich betäuben muss, weil er sich selbst nicht aushält, hindern wir uns daran, uns voll und ganz auf uns einzulassen. Uns fehlt die Kompetenz, eine ehrliche tiefe Beziehung mit uns selbst einzugehen, sie zu pflegen und aufrechtzuerhalten.

Jede Vermeidungsstrategie, die für emotionale Erleichterung sorgen soll, hindert uns daran, uns selbst ernst zu nehmen und unsere wahren Bedürfnisse zu erkennen.

Mit jedem Vermeiden, mit jeder kleinen Flucht, entfernen wir uns weiter von uns selbst. So werden wir uns nicht finden.

Im Gegenteil – wir verlieren uns immer mehr. Wir isolieren uns von uns selbst, und je mehr wir uns von uns selbst isolieren, desto mehr isolieren wir uns von anderen und von der Welt. Wie der Süchtige werden wir uns selbst fremd, und am Ende sind wir nur noch ein Schatten unserer selbst. Wie jede Form des inneren Kampfes blockiert die innere Flucht Selbsterkenntnis, Selbstbewusstsein, Kreativität, Wachstum, Entwicklung und Lebensenergie.

Es gibt keine Form dieses Kampfes, die uns langfristig helfen wird. Es wird nicht besser, und was wir fühlen, holt uns ein. Irgendwann, irgendwie, mächtiger und größer, und dann haben wir ein richtig fettes Problem.

Strecken wir die Waffen, hören wir auf zu kämpfen, befreien wir uns, indem wir uns erlauben zu fühlen, was wir fühlen. Lassen wir zu, was ist, lassen wir uns selbst zu. Und dann lernen wir mit unseren ungeliebten Gefühlen auf gesunde Weise umzugehen.

Tun wir das nicht und führen wir den sinnlosen Kampf weiter, werden wir, wie der Süchtige, unsere emotionale Entwicklung abtöten.

Und wer sind wir dann?

Gefühllose Marionetten, abgestumpft und unerreichbar für das Leben.

DICH VON IDENTIFIKATIONEN LÖSEN

Manchmal spielen wir eine Rolle, von der wir glauben, dass sie die unsere ist.

Wir identifizieren uns so lange mit ihr, bis wir uns selbst auf die Schliche kommen. Bisweilen geschieht dies durch eine Begegnung, die uns in Frage stellt oder eine Erfahrung, die diese Identifikation erschüttert.

Wir dürfen unsere Vorstellung von dem Menschen fallen lassen, der wir sein wollen oder der wir glaubten, sein zu müssen. Wir dürfen uns lösen von dem Menschen, von dem wir glauben, dass die anderen glauben, wir sollten dieser Mensch sein.

Das ist ein erhebender Moment, der Moment, in dem wir die Chance haben, etwas abzulegen, was nichts mehr mit uns zu tun hat.

EIGENVERANTWORTUNG

Siehst du nicht, wie mies es mir geht? Siehst du nicht, wie ich leide? Siehst du nicht, wie arm ich dran bin? Keiner hilft mir. Ich bin allen egal. Keiner versteht mich.

Das sind Sätze, die wir alle schon einmal gedacht oder ausgesprochen haben.

Es ist okay. Aber manche von uns sagen diese Sätze ständig.

Die anderen sollen sehen, wie mies es uns geht. Wir hoffen auf Mitgefühl und erwarten, dass andere sich um uns kümmern.

Manchmal haben wir Glück und finden eine helfende Hand. Das ist schön. Oft jedoch bleiben wir allein mit unserem Kummer und unserem Schmerz. Entweder weil die anderen uns nur lapidare Ratschläge erteilen oder uns kurz bedauern und sich dann abwenden, weil sie genug mit sich selbst zu tun haben.

Es geht nicht darum, dass andere sehen, wie es um uns steht.

Es geht zuallererst darum, dass wir sehen, wie es uns geht und darum, uns gut um uns selbst zu kümmern.

Wenn wir ständig unser Leid anderen hinhalten, dann deshalb, weil wir unser Leid nicht annehmen können. Wenn wir ständig Mitgefühl von anderen erwarten, dann deshalb, weil wir noch nicht gelernt haben, Mitgefühl und liebende Güte für uns selbst zu haben. Wenn wir ständig Hilfe von anderen erwarten, dann deshalb, weil wir noch nicht gelernt haben, uns selbst zu helfen. Wenn wir ständig

Verständnis von anderen erwarten, dann weil wir noch kein Selbstverständnis entwickelt haben.

Es ist unsere Aufgabe, mit uns selbst Mitgefühl zu haben. Und es ist unsere Aufgabe, dafür zu sorgen, dass wir uns selbst mitfühlend behandeln. Dass wir tun, was heilsam für uns ist. Wenn wir das begreifen, bewegen wir uns heraus aus der Opferrolle.

Wir sind nicht mehr das bedürftige Kind von damals, das in der Tat Mitgefühl und Hilfe brauchte. Wir sind nicht mehr das hilflose Kind, das allein untergegangen wäre.

Wir sind erwachsen und übernehmen die Verantwortung für uns selbst und dieses Kind. Wir warten nicht mehr darauf, dass dies jemand für uns tut. Denn meist warten wir sowieso vergebens. Wir tragen Sorge für uns selbst.

Natürlich gibt es Krisen im Leben, die wir allein nicht bewältigen können, und auch dann übernehmen wir Eigenverantwortung und suchen uns professionelle Unterstützung.

ÜBER DIE DANKBARKEIT

Im Buddhismus spielt Dankbarkeit eine wesentliche Rolle auf dem Weg zum inneren Frieden. Schon längst rückte Dankbarkeit auch in den Fokus der Wissenschaft. Das Wissenschaftszentrum der Berkeley Universität für Allgemeinwohl (*Greater Good Science Center*) erforscht das Thema Dankbarkeit seit 2001 und ist zu dem Ergebnis gekommen, dass dankbare Menschen gesünder, stressresistenter, leistungsfähiger, gelassener und zufriedener sind.

Was ist der Grund?

Das Gefühl der Dankbarkeit erhöht die Produktion der „Glückshormone" Dopamin und Serotonin. Dopamin ist für unseren Antrieb und unsere Motivation zuständig. Serotonin reguliert im Herz-Kreislauf-System die Spannung der Blutgefäße. Auf der psychischen Ebene ist Serotonin ein körpereigener Stimmungsaufheller. Ein hoher Serotoninspiegel sorgt für mehr Gelassenheit und innere Ruhe.

Dankbarkeit ist also gut für:

Ein stärkeres Immunsystem.

Ein gesünderes Herz-Kreislaufsystem.

Weniger Stress.

Erhöhte Resilienz.

Mehr Motivation.

Besseren Schlaf.

Innere Balance.

Gute Gründe, die dafürsprechen, sich über das Thema Dankbarkeit Gedanken zu machen.

Zum Beispiel kannst du dich fragen:

Empfinde ich Dankbarkeit?

Wie oft empfinde ich Dankbarkeit?

Mache ich mir überhaupt Gedanken darüber, wofür ich dankbar sein könnte, oder nehme ich vieles für selbstverständlich?

Und: Wofür könnte ich jetzt dankbar sein?

Diese Fragen können so manches Dunkel in ein helleres Licht rücken.

Gerade in schweren Zeiten brauchen wir heilsame Gefühle, denn sie sind wichtig für unser körperliches und unser seelisches Immunsystem. Und damit meine ich nicht künstlich aufgesetztes positives Denken – das funktioniert sowieso nicht – sondern die Nutzung dessen, was wir an inneren Ressourcen zur Verfügung haben, um durch schwere Zeiten zu gehen. Gerade jetzt brauchen wir klare, gelassene, besonnene Menschen, die uns Halt und Zuversicht schenken.

Das können wir alle ein Stück weit sein. Indem wir gut für uns selbst sorgen und damit die Kraft haben, auch für andere da zu sein.

Dankbarkeit ist ein Pfeiler der Selbstfürsorge.

Natürlich können wir, wenn wir richtig tief im Loch stecken, unsere Dankbarkeit nicht einfach anknipsen. Es gibt auch undankbare Tage. Tage an denen wir nur das sehen, was nicht ist und was wir nicht haben, oder nicht haben können, egal wie sehr wir uns anstrengen. Dann sind wir undankbar. Und das ist okay.

Ebenso wie es Tage oder Zeiten gibt, in denen wir unglücklich sind. Auch das ist okay.

Dankbarkeit ist wie das Augenblicksglück – manchmal spüren wir sie und manchmal nicht. Es genügt die dankbaren Augenblicke zu sammeln, zu bewahren und uns daran zu erinnern, wenn wir gerade undankbar sind.

23

LEKTIONEN

Lektionen kehren so lange wieder, bis wir stark genug sind, sie zu bewältigen.

Die Lektion zu verstehen, ist der erste Schritt.

Und wir sagen: Oh ja, ich verstehe.

Aus der Lektion zu lernen ist der zweite Schritt.

Und wir sagen: Ja, ich lerne.

Die Lektion zu akzeptieren und danach zu handeln, ist der dritte Schritt.

Wir sagen: Das kann oder will ich nicht akzeptieren.

Wir machen weiter, wissend, dass wir das eigentlich tun sollten. Wir hoffen, dass es irgendwie doch noch gut wird. Wir geben uns Illusionen hin, wir belügen uns selbst und andere.

Wir wollen es nicht akzeptieren, weil wir dafür einen Preis zahlen, auf etwas verzichten, etwas sein lassen oder etwas aufgeben müssen. Weil wir etwas loslassen und uns verabschieden müssten. Wir suchen weiter das Gute im Unguten, nur um nicht akzeptieren zu müssen, dass es so, wie es ist, nicht weitergehen kann.

Wir halten fest. Wir haften an Wünschen, Bedürfnissen, Sehnsüchten und gehen faule Kompromisse ein, von denen wir im Grunde wissen, dass sie sogar selbstschädigend sind. Wir machen das eine Weile und kommen scheinbar damit zurecht.

Aber die Lektion kommt wieder, immer wieder, und mit jedem Mal wird sie eindringlicher und schmerzhafter. Sie kommt so lange, bis wir endlich bereit sind zu akzeptieren. Bis wir stark genug sind, radikal ehrlich zu uns zu sein, auch wenn es weh tut und wir die Konsequenzen fürchten.

Woraus erwächst Stark-Sein?

Es erwächst aus dem tiefen Gefühl, dass es sich so, wie es ist, nicht (mehr) gut anfühlt und nicht mehr gut anfühlen wird, egal was der Verstand sagt, egal was das Herz sich ersehnt, egal worauf der Bauch nicht verzichten will.

Akzeptanz erwächst aus einem tief verinnerlichten „Ich habe es jetzt kapiert! Okay, es ist, wie es ist. Und ich bin jetzt stark genug, zu tun, was ich tun muss, stark genug zu handeln, weil ich fühle, was zu tun ist, ohne wenn und aber.

Ich habe die Lektion verstanden, gelernt und akzeptiert.

Ich meistere das jetzt!"

24

VOM UMGANG
MIT DER OHNMACHT

Gerade in der aktuellen Zeit macht uns vieles zu schaffen.

Chaos, wohin man sieht. Die Welt ist im Aufruhr. Angst und Ohnmachtsgefühle sind die Folge. Der Wunsch nach Sicherheit ist so tief in uns verwurzelt, dass wir nicht selten sogar falschen Versprechungen glauben, nur um nicht in die Ohnmachtsfalle zu geraten.

Was ist Ohnmacht?

Der Begriff Ohnmacht beschreibt das Nichtvorhandensein von Macht. Wenn wir Ohnmacht empfinden, bedeutet das, dass wir auf Dinge, Situationen oder Menschen keinen Einfluss haben und sie nicht verändern können. Wir fühlen uns ausgeliefert, abhängig, hilflos, als Opfer und machtlos.

Niemand von uns will „ohne Macht" sein. Daher sucht Ohnmacht immer Linderung.

Machtlosigkeit, Kontrollverlust, keine Handlungsspielräume oder keine Entscheidungsfreiheit mehr zu haben, erzeugen Gefühle, die nur schwer auszuhalten sind und unsere Psyche sehr belasten. Deshalb wollen wir nichts mehr, als die Kontrolle zurückgewinnen. In dem Moment, in dem uns das gelingt, ist die Ordnung wiederhergestellt. Wir erfahren das Gefühl von Selbstwirksamkeit. Gelingt uns das nicht, hat Ohnmacht Folgen. Ohnmacht löst emotionalen Stress aus. Sie führt zu Wut. Der Grund ohnmächtiger Wut ist Angst. Je mehr Wut verdrängt und geschluckt wird, desto größer ist die Angst. Schließlich kann dauerhaft erlebte Ohnmacht auch zu Lähmung, Resignation und Depressionen führen.

Was also tun, wenn wir uns ohnmächtig fühlen?
Was hilft uns, mit der Ohnmacht umzugehen?
Mir hilft das Gelassenheitsgebet von Reinhold Niebuhr:
„Gott, gib mir die Gelassenheit, Dinge hinzunehmen, die ich nicht ändern kann, den Mut, Dinge zu ändern, die ich ändern kann, und die Weisheit, das eine vom anderen zu unterscheiden."

Ich frage mich:
Wozu fordert mich diese Situation jetzt heraus?
Kann ich die Dinge ändern?
Was muss ich tun, um sie für mich zu verändern?
Welche Möglichkeiten habe ich realistisch gesehen?
Wenn ich erkenne, dass ich die Dinge nicht ändern kann, habe ich nur eine Möglichkeit: Ich gestehe mir ein, dass ich absolut nichts machen kann. Es ist aussichtslos. Meine Herausforderung ist jetzt: Das Anerkennen der Realität.
Ich akzeptiere, was ich nicht ändern kann, und damit auch den Schmerz, den die Ohnmacht mit sich bringt, im Wissen: es geht vorüber. Weil alles vorübergeht.
Das ist nicht schön, das ist schwer auszuhalten, aber ich habe keine Wahl.
Hier muss ich die Grenzen des menschlich Machbaren akzeptieren. Ich muss einsehen, dass nicht alles möglich ist.

Die Dinge zu unterscheiden ist das Schwerste.
Wie unterscheide ich, ob ich die Dinge ändern kann oder nicht?
Ich kann nur das ändern, was in meinem Einflussbereich liegt.

Wie groß ist der mir zur Verfügung stehende Freiraum, in den ich gestaltend hineinwirken kann, und wo liegt er?

Welche Möglichkeiten der Wahl habe ich?

Welche Wahl ist für mich die sinnvollste?

Nachdem ich die sinnvollste Lösung gefunden habe, ist es wichtig, eine bewusste Entscheidung zu treffen und diese auch zu verwirklichen. Nur eine bewusste Entscheidung gibt mir die Kraft, sie auch umzusetzen.

Mein Einflussbereich hat Grenzen. Und zwar Grenzen, die das Außen setzt, wie etwa ein Schicksalsschlag, eine Naturkatastrophe, ein Jobverlust, eine Trennung, eine schwere Krankheit, Tod. All das kann ich nicht ändern.

Was ich aber immer noch ändern kann, ist, wie ich den Umgang damit gestalte.

„Der Mensch ist nicht Opfer, sondern Mitgestalter seines Lebens."
Viktor Frankl

DU BIST OKAY!

Es ist so einfach, Fehler an dir selbst zu finden.
Schon in der Kindheit fing es damit an.
Die Eltern fingen damit an.
Das Umfeld fing damit an.

Dann hast du selbst damit weitergemacht und machst es bis heute.
Beurteilst dich, verurteilst dich.
Nicht gut genug!
Nicht erfolgreich genug!
Nicht klug genug!
Nicht liebenswert genug!
Nicht selbstsicher genug!
Möchtest alles perfekt machen.
Keine Fehler machen, nicht fehlerhaft sein.
Beurteilst dich über die „Gut-versus-Schlecht"-Kategorien.

Ist das hilfreich?
Es ist nicht hilfreich!
Schau auf deine positiven Eigenschaften und würdige sie.
Das ist ein guter Weg, um ein ausgewogenes und realistischeres Bild von dir selbst zu bekommen und dich mit dir selbst zu befreunden, mit all deinen „Fehlern".
Du bist okay.

KONTROLLE

Kontrolle ist eine Illusion und sie ist ein Trugschluss.

Durch Kontrolle werden wir nie die Ergebnisse erzielen, die wir uns wünschen.

Kontrolle verleiht uns zwar das Gefühl scheinbarer Sicherheit.

Aber diese ist eben nur scheinbar.

Alles, was wir kontrollieren wollen, seien es Situationen oder Menschen, kontrolliert schließlich uns.

Wir sind unfrei.

Kontrolle macht uns fixiert auf die Situation oder auf das Objekt, das wir kontrollieren wollen.

Wir verlieren unsere Mitte und unsere Leichtigkeit und am Ende sogar uns selbst.

Je mehr Angst, desto größer das Bedürfnis zu kontrollieren.

Wir kontrollieren, um etwas festzuhalten, um etwas in die Richtung zu schieben, in die wir es haben wollen, um etwas zu verhindern, vor dem wir uns fürchten.

Je weniger uns das gelingt, desto enger wird unser Herz, desto tiefer wird die Enttäuschung, desto größer wird unser Gefühl von Hilflosigkeit, desto resignierter werden wir.

Kontrolle tut nicht gut, uns selbst nicht und anderen nicht.

Nichts im Leben lässt sich kontrollieren, aber vieles im Leben lässt sich lenken.

HAST UND SORGE

Hast und Sorge führen nie zum Erfolg, schreibt der buddhistische Mönch Tsung Tsai in seinem Buch „Die Höhle des Meisters".

In dieser unruhigen Zeit sind viele von uns voller Sorge.

Viele von uns sind verunsichert. Wir versuchen mit unserer Verunsicherung klarzukommen und es fällt uns schwer. Wir sind verwirrt, wir sind ängstlich, wir suchen einen sicheren Ort, an dem uns die Welt da draußen in Frieden lässt. Wir suchen Menschen, denen wir vertrauen können, die an unserer Seite sind, die ähnlich denken wie wir, damit wir uns sicherer fühlen. Und die Verunsicherung geht nicht weg.

Wir hasten durch das Leben, das Rad muss sich bewegen, weiterdrehen, auch wenn wir durchdrehen, nicht wissen, wohin es rollt, weil nichts mehr planbar ist.

Wir sind in Eile, wollen dem Leben das Beste abgewinnen.

Wer weiß, wie lange es noch dauert?

Wir wollen mehr, immer schneller mehr.

Und wir vergessen, dass ein „Mehr" uns auch keine Sicherheit und keine Sorglosigkeit schenkt. Und die Verunsicherung geht nicht weg.

Hast und Sorge führen uns von uns selbst weg.

STOPP! Halten wir inne.

Wir suchen nicht mehr nach einem entfernten Ort, an dem alles besser ist. Wir werden uns gewahr, dass dieser

Ort in uns selbst ist. Und ist er nicht in uns selbst, dann ist er nirgendwo.

Er ist in uns – in diesem Augenblick, unter genau den Umständen, in genau der Situation, in der wir uns befinden.

Anstatt uns zu sorgen, anstatt zu hasten, anstatt uns am Außen abzuarbeiten, können wir langsam machen, tief durchatmen, innehalten und uns fragen:

Wie fühle ich mich?

Was lerne ich gerade über mich in diesen herausfordernden Zeiten?

Was tue ich für mich und für andere?

Wem bin ich ein Licht?

28

ICH STEHE DAFÜR NICHT MEHR ZUR VERFÜGUNG!

Alles ist zu viel, wir fühlen uns ständig unruhig, gereizt, niedergeschlagen und kraftlos. Wir haben unsere innere Balance verloren. Unsere Seele und unser Körper sind auf Daueralarm. Unsere Welt ist nicht mehr in Ordnung. Wir stecken in einer inneren Krise. Wir realisieren, wenn wir so weitermachen wie bisher, verlieren wir uns, wir erkennen: Der normale Wahnsinn lässt sich nicht mehr aufrechterhalten, weil unsere Kraft nicht mehr ausreicht, um unsere Gefühle zu unterdrücken und so weiterzumachen wie bisher. Aber anstatt zu sagen, wie es uns geht und aufzuhören zu tun, was schon lange nicht mehr geht, versuchen wir durchzuhalten.

Wir funktionieren, wir unterwerfen uns Sachzwängen, wir beschweren unseren Kopf mit Menschen, Dingen und Themen, die nicht die unseren sind. Wir beschäftigen uns mit Sorgen und Problemen, die nicht unsere sind. Wir helfen anderen, anstatt uns endlich selbst zu helfen. Wir verschenken unsere Zeit und unsere Kraft, anstatt uns selbst Zeit und Kraft zu schenken. Wir ahnen, dass das nicht mehr lange gut geht und machen weiter. In altbekannter Manier tun wir, was von uns erwartet wird, und am Ende sind wir vor lauter Sorgen um und für das Wohl anderer so weit, dass wir unsere persönlichen Bedürfnisse nicht einmal mehr wahrnehmen. Wir sind nah an den Dingen im Außen, die zu tun sind, so nah an den gefühlten oder echten

Erwartungen anderer und so weit weg von uns selbst, dass wir nicht einmal mehr wissen, wer wir eigentlich sind. Wir sind fremdgesteuert wie ein Roboter, der nur einen Zweck zu erfüllen hat – er muss funktionieren. Und wir lassen es zu.

Das kostet Kraft.

Es kostet zusätzlich Kraft, die wir aufwenden müssen, um uns zusammenzureißen, um nicht zu sagen, was mit uns los ist, uns nicht einfach gehenzulassen und das zu tun, was unsere Seele und unser Körper uns sagt – nämlich aufzustehen und uns selbst und den Anderen zu sagen: Ich stehe dafür nicht mehr zur Verfügung!

Wer seine ganze Kraft ins außen gießt, ist irgendwann innen leer.

So leer, dass das Leben alle Freude verliert. Wenn wir in diesem Zustand sind, ist eines passiert: Wir haben unser Herz an andere verfüttert und haben kein Herz mehr für uns.

Wenn wir das erkennen, stecken wir in einer persönlichen Krise. Und das ist gut so, denn damit stehen wir auch vor einer Chance. Im Chinesischen bedeutet das Wort Krise nicht nur „schwierige Situation", sondern auch Wende und Chance.

In der Tat ist jede Krise eine Chance, jene Teile in unserem Leben in Ordnung zu bringen, die nicht mehr mit dem übereinstimmen, was wir uns vom Leben wünschen. Was das ist, können wir aber erst dann herausfinden, wenn wir uns selbst Zeit schenken. Wir schenken uns Zeit, um uns anzuschauen, was uns in die Krise geführt hat, erst dann können wir beginnen, unseren inneren Wertekatalog zu überprüfen und unser Leben zu entrümpeln. Wir können das Problem erst lösen, wenn wir die Ursache erkannt haben.

Wir wissen das im Grunde – aber unser Gewissen steht uns dabei im Wege, wenn es um die Umsetzung geht. Das sagt nämlich: Das darfst du nicht, das ist egoistisch, du kannst dich nicht aus der Verantwortung stehlen.

Denn immer dann, wenn das Wort Verantwortung auftaucht, geht es unserem Gewissen meist um die Verantwortung anderer gegenüber. Und was, könnten wir unser Gewissen fragen, ist mit der Verantwortung für mich selbst und mein Leben?

Von Kind an wird uns Verantwortung beigebracht und sie hat immer mit dem Wohlergehen derer zu tun, die sie uns beibringen: „Wenn du wütend bist, macht das die Mama traurig", „wenn du schlechte Noten hast, ist der Papa enttäuscht", „wenn du zu wild und zu wagemutig bist, hat die Mama Angst", „wenn du nicht brav bist, ist der Lehrer böse", „wenn du nicht mit zu Omas Geburtstag fährst, ist die Oma traurig", „wenn du keinen ordentlichen Schulabschluss machst, liegst du uns auf der Tasche" und und und. Das sind Verantwortungen, die uns überantwortet werden, und jede davon ist gut für die Erwartungen, Wünsche und Befindlichkeiten der Anderen. Das Wesentliche wird uns nicht beigebracht – die Verantwortung für uns selbst, unsere Wünsche, Bedürfnisse und Befindlichkeiten zu übernehmen. Kein Wunder, dass wir gegen dieses konditionierte Gewissen nicht so einfach ankommen.

Irgendwann sollte es reichen.

Es reicht aber nicht, die meisten von uns haben einen ziemlich breiten Buckel, auf den diese Konditionierungen immer wieder ungehemmt aufgeladen werden können, sobald wir uns aufrichten wollen. Wir beugen uns den

Erwartungen anderer, bis es wirklich reicht, bis es nur noch weh tut, bis die gesunde Wut hochkommt, denn leider muss es oft so weit kommen, bis wir etwas verändern, das uns schadet.

Der Emotionszustand *Wut* ist ein Antreiber, der dann auftaucht, wenn alle anderen inneren Warnungen ungehört blieben. Wut setzt Kräfte frei und damit kann sie einen Veränderungsprozess ins Rollen bringen. Mit der Wut durchbrechen wir das Muster der Zurückhaltung und werden aktiv. Wir nutzen ihre Energie, um uns die Kraft zurückzuholen, die wir verschwendet haben mit unserem ewigen Verantwortungsdenken und -fühlen.

Die Wut sagt: Genug ist genug!

Du hast genug geschluckt. Es ist Zeit auszuspucken, was dein Leben vergiftet. Darüber hinaus kann uns die Wut kreativ werden lassen. Sie zwingt uns nämlich dazu, nach Lösungen zu suchen.

Die Wut signalisiert: Zeit für eine Wende.

Schluss mit der Selbstunterdrückung. Und das heißt nichts anderes, als das in unserer Welt in Ordnung zu bringen, was wir verändern können und das sind nicht die anderen, das sind allein wir selbst. Es bedeutet aufzuhören, die anderen zu bekehren, aufzuhören, uns aus dem Bedürfnis heraus, geliebt zu werden, als unermüdlicher Helfer aufzuopfern, aufzuhören nach Verständnis zu suchen, aufzuhören auf Ratschläge zu hören, die von anderen kommen, und aufzuhören, auf die Einsicht anderer zu hoffen, dass auch wir nicht alles leisten können, was man von uns erwartet. Es bedeutet aufzuhören, uns die Schuld oder die Verantwortung in die Schuhe schieben zu lassen für Dinge, für die wir nicht verantwortlich sind.

Der einzige Mensch, den wir verändern können, sind wir selbst.

Wir können uns erheben, aufstehen und auferstehen wie Jesus nach der dunklen Nacht der Seele, Ja sagen zu uns selbst und endlich anfangen, es für uns stimmig zu machen – und das heißt herauszufinden, was wir wirklich wollen.

Das wird dauern. Es dauert, bis wir all den fremden Ballast aus unserem Inneren entfernt haben, den wir von anderen und aus unserer Biografie heraus in uns aufgenommen haben. Das ist kein leichtes Werk. Aber es ist ein kreatives Werk, das mit der Zerstörung beginnt, nämlich mit der Zerstörung des Alten, Überholten, Schädigenden, das uns in die Krise geführt hat.

Wenn wir das getan haben, ist da vielleicht erst einmal ein tiefes Loch. Wenn alles abfällt, was wir für unser Leben hielten, ist erst einmal nichts mehr, außer einer großen Leere. Aber genau dazu ist diese Leere da – um sie zu füllen, um etwas zu erschaffen, was sie füllt, und zwar aus uns selbst heraus.

Die Rückbesinnung auf uns selbst lässt das wachsen, was wir zur Bewältigung der Krise brauchen: Selbstgewahrsein.

Es wird eine Weile still werden um uns herum, es wird vielleicht Angst in uns hochsteigen, aber es wird auch etwas Heilsames geschehen – wir beginnen in dieser Stille auf alles zu horchen, was es dort unten in diesem Loch zu entdecken gibt, und das wird uns erst einmal sagen: Lass dir Zeit. Lass dir Zeit herauszufinden, was du wirklich brauchst, lass dir Zeit zu erforschen, was in deinem Leben fehlt und was dich zufrieden machen würde. Erst wenn wir das wissen, ist es sinnvoll, Neues zu beginnen und konkret zu überlegen, wie wir uns unsere Wünsche erfüllen können, um unser Leben weiter zu gestalten.

Der Schlüssel liegt in unseren Fähigkeiten und Möglichkeiten.

Er liegt da, wo wir uns den Raum geben, uns mit unserer Freude zu verbinden, der Freude an den Dingen, die wir gerne tun. Man lebt gut, wenn man tut, was einem guttut. Man lebt gut, wenn man mag, was man tut. Was wir mögen, ist meistens genau das, wofür wir begabt sind. Diese Begabung schenkt uns den Antrieb, eine Sache zu verfolgen, um sie zu entwickeln und zur Entfaltung zu bringen – so ist es in der Kunst wie auch in der Lebenskunst. Erst wenn all der fremde Ballast abgefallen ist, der nicht zu uns gehört, spüren wir, was wir wollen. Wenn die Fremdbestimmung aufhört, fangen wir selbst an zu bestimmen. Ich bin mir sicher, dass wir alle wissen, was wir wollen, wir haben nur Angst, es zu wollen.

Welchen Sinn hätte es, aus der Angst heraus, scheitern zu können sein Leben nicht zu leben und stattdessen in einer selbstschädigenden Welt zu bleiben, nur weil sie vertraut ist? Keinen. Es führt in die Sinnkrise.

Lebenskunst ist ...

akzeptieren was ist
ohne zu resignieren
ohne gleichgültig zu sein
lösen was möglich ist
sein lassen, was du nicht lösen kannst
Jeden Tag neu beginnen
mit dem, was du kannst und mit dem, was du hast
dich deinen Herausforderungen stellen
und das Beste daraus machen.

29

GEFÜHLE SIND ZUM FÜHLEN DA

In der Praxis habe ich jeden Tag mit Menschen zu tun, denen es nicht gut geht. Viele haben Angst. Sie haben Sorgen und Probleme und sie leiden unter belastenden Gefühlen und Gedanken, die sie nicht haben wollen. Aber, und das vermittle ich immer zu Anfang: Das „Nicht haben wollen", ist Teil des Problems.

Warum ist das so?

Zahlreiche Untersuchungen haben erwiesen, dass der Versuch, belastende Gedanken und Gefühle loszuwerden, zu noch mehr belastenden Gedanken und Gefühlen führt. Es ist also nicht möglich, unsere Gedanken und Gefühle an- und auszuschalten oder sie einfach verschwinden zu lassen. Wenn wir versuchen, destruktive Gedanken, unangenehme körperliche Empfindungen oder belastende Gefühle zu unterdrücken, machen wir es nur noch schlimmer. Wir produzieren mehr vom selben.

Um das nicht mehr zu tun, dürfen wir uns zunächst mit der Tatsache anfreunden, dass Loswerden und Kontrolle nicht die Lösung sind, wenn es uns emotional nicht gut geht, sondern dass diese Versuche das Problem verstärken und weiter aufrechterhalten.

Dies hat damit zu tun, dass unser Gehirn und mit ihm alle Teile unseres Nervensystems zusammenspielen. Wenn wir gegen einen Teil dieses Systems arbeiten, indem wir unterdrücken, vermeiden oder abwehren, was uns belastet, wehrt sich das System und sendet Signale an andere Teile des Systems. Loswerden wollen, kontrollieren wollen, was wir nicht denken und nicht fühlen wollen, kostet Kraft. Wir führen damit einen Kampf gegen uns selbst, den wir nicht gewinnen können. Gegen unsere Gedanken und Gefühle anzugehen, bedeutet, gegen uns selbst anzugehen, und das führt dazu, dass wir in unseren Gefühlen und Gedanken, unserer Trauer, unserer Wut und unserer Angst steckenbleiben.

Die Energie der unterdrückten Gefühle steigt stetig an und entlädt sich irgendwann in Form von Erschöpfung, unangemessen starken Wutausbrüchen, Ängsten, Panikattacken, Depressionen oder auf der körperlichen Ebene mit Krankheit. Es ist wie mit einem Ball, den wir unter Wasser drücken: Lösen wir den Druck, ploppt er nach oben.

Unterdrücken, abwehren, kontrollieren – nichts davon tut uns gut.

Es ist heilsamer, unseren Gefühlen mit Aufmerksamkeit, Achtung und Mitgefühl zu begegnen, sie anzunehmen und da sein zu lassen. Wir dürfen uns erlauben: Was ich fühle, ist nicht angenehm, aber ich muss nicht davor weglaufen.

Ich kann mich entscheiden, einfach still dazusitzen. Ich kann ruhig ein- und ausatmen und den Gedanken oder das Gefühl wahrnehmen als das, was es ist, und nicht als das, was mein Verstand daraus macht. Ich kann zulassen, was ist, ich kann spüren, was ist, und ich muss jetzt nichts tun, damit es weggeht. Ich erlaube diesem Gefühl, von selbst zu gehen. Ich kann es zulassen und als das erleben, was es ist: ein Gefühl.

Gefühle sind in Bewegung. Gefühle kommen und sie vergehen.

Und damit sie das können, dürfen sie erst einmal da sein.

30

ANERKENNEN WAS IST

Die ungeliebten Kinder in uns hoffen ein Leben lang, endlich doch noch diese eine Liebe zu bekommen, die sie nie
erfahren haben. Je weniger ein Kind geliebt wurde, desto
mehr hängt es sich als Erwachsener an andere, von denen
es erhofft, endlich das zu bekommen, was die Eltern ihm
verweigert haben oder nicht geben konnten: bedingungslose Liebe. Wer diese Liebe nicht bekommen hat, sucht sie
in Ersatzpersonen. Aber das ist nicht diese bedingungslose
Liebe, es ist eine Ersatzliebe, die das emotionale Loch füllen soll, in dem das ungeliebte Innere Kind sitzt.

Je älter wir werden, je mehr Erfahrungen wir mit der Liebe
machen, je öfter die Hoffnung, diese eine Liebe doch noch
zu bekommen, enttäuscht wird, desto trauriger werden wir.
Wir verlieren den Glauben daran, dass es Liebe für uns
überhaupt geben kann. Wie auch könnte es sie geben, wo
wir doch im Grunde nicht wissen, wie sie sich anfühlt, weil
man sie uns ja nicht gezeigt hat und wir sie nicht gefühlt
haben.

Wo das Gefühl von Liebe sein sollte, ist ein Gefühl
schmerzhaften Mangels, der uns immer wieder in die Arme
anderer treibt, die uns nicht geben können, was wir suchen,
oft, weil sie es auch nicht können.

Die Liebe hinreichend guter Eltern ist nicht ersetzbar, denn
diese Liebe ist bedingungslose Liebe, eine Liebe, die ein

Fremder, den wir uns vertraut machen, uns niemals geben kann.

Das zu erkennen, ist schmerzhaft. Es ist schmerzhaft, zu erkennen, dass jede Suche im anderen eine unstillbare Sehnsucht bleiben muss. Wir dürfen uns dieser Sehnsucht bewusstwerden und unsere unbewussten Muster erkennen, die zum immer Gleichen führen. Wir dürfen erkennen, dass wir selbst uns dieses Bedürfnis nach bedingungsloser Liebe erfüllen können, indem wir uns mit Achtung, Wertschätzung und Mitgefühl begegnen, uns mit Trost und Halt versorgen und bedingungslose Liebe zu diesem ungeliebten Kind, das wir einst waren und immer noch sind, entwickeln.

Das geht nicht mit „Mal kurz probieren und schon klappt das".

Das geht nicht, indem wir es nur wollen.

Wir dürfen sehr viel dafür tun.

Dieses Tun dauert ein Leben lang.

Tag für Tag ist es ein Tun.

Wir tun es einfach.

Wir tun es, indem wir Tag für Tag unser eigenes Kind beeltern.

Genauso, wie wir es für unsere eigenen Kinder tun, haben wir die Bereitschaft, unser Inneres Kind zu bemuttern und zu bevatern, gut zu ihm, gut zu uns selbst zu sein. Wir müssen aufhören, uns selbst so zu behandeln oder behandeln zu lassen, wie man uns als Kind behandelt hat. Wenn wir das allein nicht schaffen, können wir uns professionelle Hilfe holen, jemanden, der sich uns empathisch und liebevoll zuwendet und uns hilft, dieses Kind zu sehen und es lieben zu lernen, anstatt es weghaben zu wollen, weil es uns mit seiner Verletztheit und seiner Sehnsucht das Leben schwer macht.

Wir haben keine andere Chance, den Mangel der Kindheit zu befriedigen, als ihn uns selbst zu erfüllen. Dazu gehört auch, uns von der Sehnsucht nach der nicht erhaltenen Liebe der Eltern endgültig und entschieden zu verabschieden.

Wir müssen aufhören, uns selbst zu bemitleiden, wir müssen aufhören, zu fragen, warum es so war und nicht anders. Wir dürfen den inneren Widerstand lösen, einen radikalen Schnitt machen und anerkennen: Ja so ist es, ich bin ein ungeliebtes Kind, auch wenn ich es mir anders gewünscht habe. Wir dürfen das bedauern und betrauern, aber wir müssen aufhören, sinnlos weiter zu hoffen, denn das tut nur weh. Und wir lassen uns weh tun und wir tun anderen weh, getrieben von dieser Sehnsucht nach bedingungsloser Liebe, die wir nicht bekommen können.

Wir dürfen lernen, uns zu erlauben, die wahren Emotionen gegenüber den lieblosen Eltern zuzulassen. Wir dürfen uns die so lange unterdrückten Emotionen wie Wut, Trauer und Schmerz eingestehen und die Angst überwinden, dass wir schlechte Kinder sind, wenn wir wütend sind auf die lieblosen Eltern. Wir dürfen aufhören, Entschuldigen für sie zu suchen und uns nicht mehr zwingen, verstehen oder verzeihen zu wollen, was unverständlich und unverzeihlich ist.

Wir dürfen uns nicht weiter etwas vormachen, obwohl unsere Seele die Wahrheit weiß. Das ist Selbstbetrug. Das ist eine Selbstlüge und diese Selbstlüge zieht alle anderen Lügen nach sich. Erst mit dem Anerkennen dessen, was wirklich war, erst mit dem Anerkennen unserer wahren

Gefühle, erst wenn wir aufhören, diese Gefühle zu ignorieren und sie achten und da sein lassen, können wir abschließen mit dem, was nicht mehr zu ändern ist, und mit dem beginnen, was jetzt zu ändern ist – das sind allein wir selbst. „Liebe ist ein Wert, der durch liebende Handlungen verwirklicht wird", schreibt Stephan R. Covey, und so ist es.

31

WAS WÄRE ANDERS?

Wie wäre es, wenn du sagen könntest:

Ich bin für alle meine Lebenserfahrungen dankbar, die guten wie die schmerzhaften. Wenn ich die Zeit zurückdrehen könnte, Dinge anders machen könnte und nur noch gute Zeiten hätte, wer wäre ich dann? Nicht der Mensch, der ich heute bin, das weiß ich.

In den guten Zeiten lief alles glatt, ich war glücklich, unbeschwert, das Leben war leicht und voller Freude. In den schweren Zeiten habe ich sehr viel über mich selbst gelernt. Sie brachten meine wahren Stärken, Fähigkeiten und meine Kreativität ans Licht. Sie haben mir die Augen für Dinge geöffnet, die ich sonst niemals wahrgenommen hätte. Sie haben mir gezeigt, was ich noch lernen darf. Sie haben mich verändert und ich habe vieles über mich selbst gelernt. Ich habe gelernt, mich selbst und meine Mitmenschen besser zu verstehen. Sie haben mich mit meinen Schatten konfrontiert und mir gezeigt, wer ich auch bin. Sie haben mir gezeigt, dass nichts selbstverständlich ist. Sie haben mir gezeigt, was mir wirklich wertvoll und wichtig ist. Sie haben mir gezeigt, wer meine Freunde sind und wer nicht. Sie haben mir gezeigt, wer zu mir gehört und wer nicht. Sie haben mich gelehrt, dass Menschen kommen und gehen, wenn sie ihre Aufgabe in meinem Leben erfüllt haben und ich die meine in ihrem. Sie haben mich gelehrt, loszulassen und mich auf das Wesentliche zu konzentrieren.

Sie haben mich gelehrt, mich von unnötigem Ballast zu befreien und meine Kräfte zu bündeln. Sie haben mir

gezeigt, dass alles vergänglich ist und dass ich nichts festhalten kann. Sie haben mir gezeigt, dass es etwas gibt, das
größer ist als ich. Sie haben mich mitfühlender gemacht,
demütiger, verstehender, dankbarer, reifer und weiser.

Heute sehe ich meine schmerzhaften Erfahrungen als
Wachstumschancen. Ich habe sie angenommen. Ich bin
meinem ureigenen Weg gefolgt und bin niemals stehenge-
blieben. Mein Wachstum ist das Resultat eines inneren
Wandlungsprozesses hin zu größtmöglicher Vollständig-
keit, hin zu einem Selbst voller Kohärenz.

Wie wäre es, wenn du das sagen könntest?

Was wäre anders?

GELASSENHEIT

Abwesenheit von äußerer und innerer Unruhe
Wohlbefinden gepaart mit innerer Ruhe
Friedlich sein
Der Atem langsam
Das Herz ruhig
Der Körper entspannt
Der Geist klar
Gefühl des Einverstandenseins mit dem, was jetzt ist,
im Wissen:
Alles, alles geht vorüber.

DAS KLEINE MONSTER
IM ZENTRUM DER STILLE

„Hören Sie denn nichts, hören Sie denn nicht die entsetzliche Stimme, die um den ganzen Horizont schreit, und die man gewöhnlich die Stille nennt?", schreibt Georg Büchner in seiner Novelle Lenz.

Die Stille, die manche Menschen bewusst suchen und vor der die meisten Leute beständig fliehen, ist nicht still. In Wahrheit ist sie sogar sehr laut. Wer die Stille einmal wirklich gesucht und erfahren hat, weiß das. So wie es Büchner seinen Jakob Lenz sagen lässt, kann sie herausschreien, was wir im lauten Alltag nicht hören können oder hören wollen. In der Stille drängt das Wesen der Dinge nach Gehörtwerden. Alles Verdrängte kommt zum Vorschein. Nicht wenige Menschen fürchten sich genau davor, denn die Stille konfrontiert uns mit unserer eigenen Wahrheit. Alles Verdrängte, das ganze „ungelebte" Leben kommt zum Vorschein.

Was wir in der Ablenkung der lauten Welt versenkt haben, all das Abgespaltene, steigt in der Stille aus den eigenen Tiefen hoch ins Bewusstsein und konfrontiert uns gnadenlos mit uns selbst. Welch ein Unbehagen das auslösen kann, weiß jeder, der sich einmal der kompletten Stille geöffnet hat. Stille und die damit verbundene innere Einkehr ist für viele Menschen deshalb so beängstigend, weil sie dann mit sich selbst in Kontakt treten müssen. Das ist mitunter eine beängstigende und bewegende Reise hinab in die Abgründe der Seele. Und weil diese Reise auch mit unguten Gefühlen verbunden ist, wird sie tunlichst vermieden.

In einer Welt, in der das Streben nach dem scheinbaren Glück des Habens zum Maßstab aller Dinge geworden ist, ist Selbstreflexion ein gefährliches Unterfangen, denn sie könnte aufdecken, dass wir uns im Zweifel etwas vormachen. Die Wahrheit ist anstrengend und sie kann erschreckend sein, denn sie entlarvt alle Lebenslügen.

Still geworden können wir nicht mehr weghören, wir sind gezwungen, uns zuzuhören, uns selbst uns zuzumuten.

Still geworden stehen wir unseren Träumen und Wünschen gegenüber, die uns fragen: Hast du uns verwirklicht, oder hast du uns längst vergessen und damit dich selbst und den Kern, der dich ausmacht? Wofür hast du uns aufgegeben? War und ist es das wert? Wem oder was bist du hinterhergerannt und hast dich selbst verraten und die Werte, die dir doch einmal so wichtig waren? Was hast du idealisiert, was es nicht wert war, und welchen Illusionen hast du dich hingegeben? Welche Identität hast du angenommen, um jemand zu sein, der du nicht bist, um der Anerkennung, des Geldes, der Macht und des Erfolges willen?

Wem oder was schenkst du deine kostbare Lebenszeit? Wer bist du, wenn alles andere wegfällt? Was ist es dann, was dich von Innen hält? Hast du vor lauter Erlebenwollen das Leben selbst vergessen?

Oh nein, die Stille ist wahrlich nicht leise. In ihrem Zentrum taucht ein kleines schreiendes Monster auf und konfrontiert uns mit unserer Vergangenheit, unserer Gegenwart, unserer Zukunft und unserer Endlichkeit. Ich mag das kleine Monster. Es macht einen guten Job. Es taucht auf, damit wir uns selbst erkennen, uns neu entdecken und an Echtheit, an Klarheit, an Mut und an Stärke gewinnen. Es taucht auf, damit wir erkennen, was wir wirklich wollen, solange wir es noch können.

NICHT WIEDERHOLEN

Wenn wir merken, dass wir feststecken und nicht weiter-
kommen, wissen wir oft nicht, wie wir handeln sollen.
Dann ist es wichtig, ANDERS zu handeln als bisher, sonst
bleiben die Ergebnisse gleich. Dazu gibt es einen einfachen
Ansatz:

Was in der Vergangenheit erfolgreich war – wiederhole.
Wenn etwas in der Vergangenheit nicht funktioniert hat,
oder dir Schaden zugefügt hat – lass es sein.
Es ist sehr unwahrscheinlich, dass es jetzt richtig ist.
Es ist sehr unwahrscheinlich, dass es sich ändern wird.
Du solltest es nicht wiederholen.
Es ist eine gute Idee, mit etwas anderem anzufangen.

EINSAMKEIT -
DAS VERLASSENE INNERE KIND

Dass wir allein sind, kommt immer wieder mal für kürzere oder längere Zeit vor.

Alleinsein ist der Kontrast zum Kontakt mit anderen Menschen.

Einsamkeit aber ist etwas völlig anderes – sie ist ein zutiefst persönliches Gefühl. Ein Gefühl, wie gesagt – wir „fühlen" uns einsam. Und das können wir sogar dann fühlen, wenn wir unter Menschen sind, manche von uns fühlen es sogar, wenn sie in einer Beziehung sind.

Zurzeit habe ich viele Klienten, die unter diesem Gefühl der Einsamkeit leiden. „Es fühlt sich an wie sterben", sagte neulich eine junge Frau zu mir.

„Es ist, als ob ich mich auflöse. Das macht mir Angst", sagte ein älterer Mann.

Ich habe viel über Einsamkeit geschrieben. In meinem Blog gibt es einige Artikel über dieses existentiell bedrohliche Gefühl. Ich kenne die Einsamkeit. Ich war ein einsames Kind, und dieses Kind lebt noch heute in mir. Die innere Einsamkeit und ich sind Vertraute. Ich kann das Gefühl meiner Klienten mitfühlen.

Am besten lässt sich Einsamkeit in Bildern beschreiben.

Einsamkeit ist wie ein Loch in der Mitte.

Groß und dunkel und leer.

In dieser Mitte suchst du instinktiv Halt.

Aber du findest dort nichts.

Dort ist nur das Loch.

Dort ist nur die Leere.

Dort ist nur die Dunkelheit.

Das lässt dich den Halt verlieren.

Du fällst ins Bodenlose und wartest auf den Aufschlag.

Gleichzeitig denken einsame Menschen, sie säßen in einem Käfig, aus dem es keinen Ausweg gibt.

Zu dem Gefühl kommen Gedanken wie: Keiner liebt mich, keinem bin ich wichtig, niemand braucht mich, es ist egal, ob es mich gibt oder nicht, alle haben jemanden, nur ich nicht, ich bin nutzlos, bedeutungslos, ich habe es verdient, ich werde bestraft, alles ist sinnlos, ich werde immer einsam sein.

Diese unheilsamen Gedanken verstärken das Gefühl und je mehr wir diesen Gedanken glauben, desto schwärzer wird das Loch.

Meist entsteht Einsamkeit, wenn wir tatsächlich keinen Kontakt haben oder wenn wir Kontakte haben, aber keinen Menschen, der uns emotional nahesteht und der uns versteht. Dann fühlen wir uns wie ein verlassenes Kind, mutterseelenallein auf der Welt. Um dieses Kind geht es oft, wenn Menschen Einsamkeit als bedrohlich und schmerzhaft empfinden. Wenn wir also beginnen, uns mit unserer Einsamkeit auseinanderzusetzen, führt der Weg zu unserem Inneren Kind, an ihm kommen wir nicht vorbei.

Ich weiß, dass die äußeren Umstände einen großen Teil dazu beitragen, dass wir uns einsam fühlen. Unsere Lebensumstände können ein auslösender Faktor sein, doch die wahre Ursache liegt in den meisten Fällen tiefer. Einsamkeit ist nämlich kein objektiver Tatbestand, denn nicht alle Menschen fühlen sie, sie ist ein höchst persönliches, rein subjektives Gefühl. Wie wir darauf reagieren, macht den Unterschied. Unsere Reaktion auf das, was wir erleben, entscheidet, wie wir das Erlebte empfinden. Sie entscheidet, ob wir uns einsam fühlen oder nicht und sie entscheidet auch darüber, ob wir die Einsamkeit durchbrechen können.

Was ist mit dem Loch in der Mitte?

Es lässt sich nicht füllen.

Weil da von Kindheit an etwas fehlt.

Das Urvertrauen, das dir nicht geschenkt wurde.

Darum geht es, wenn wir unsere Einsamkeit überwinden wollen – um dieses fehlende Urvertrauen.

Erlebnisse in der Kindheit können das Vertrauen in eine beschützende, liebevolle, haltgebende Welt zerstören. Sie führen dazu, dass wir uns einsam und verlassen fühlen. Diese Erfahrung gräbt sich ein und bestimmt unser In-der-Welt-Sein.

Wenn wir früh Verlassenheit erfahren, aus welchen Gründen auch immer, kann uns das ein Leben lang begleiten und sich als innere Einsamkeit zeigen. Wenn wir früh erfahren, wie unsicher oder wie vergänglich Beziehungen sind, kann das dazu führen, dass wir enge Bindungen nicht vertrauensvoll eingehen können. Auch körperlicher und seelischer Missbrauch, Abwertung, Demütigung, Hänselei und Zurückweisung, alle Erlebnisse, die uns das Gefühl geben „schlecht" oder „falsch" zu sein, können dazu führen, dass wir uns allein und schutzlos in der Welt fühlen. Solche Erfahrungen können dazu führen, dass wir eine unbewusste Angst vor Menschen entwickeln. Die Welt ist dann ein unsicherer Ort. Wir schließen daraus, dass wir auf uns selbst angewiesen sind, um zu überleben. Diese Erfahrung speichern wir ab, diese Erfahrung fühlen wir – diesen unsicheren Ort der Kindheit – und wir verlassen ihn innerlich nicht. Wir verkriechen uns in einen inneren Käfig, der uns schützen soll, und wir kommen aus ihm allein meist nicht so leicht heraus.

Wenn wir also beschließen, unserer Einsamkeit ein Ende zu setzen, ist es unabdingbar, uns mit den tieferen Ursachen zu befassen. Wir müssen uns diesem verlassenen Kind stellen. Wir müssen uns unseren Ängsten stellen. Und ja, hier sage ich „müssen", denn tun wir das nicht, werden wir weiter einsam sein.

Wenn wir unsere Einsamkeit ein für alle Mal satthaben und entschieden sagen: Ja, ich bin bereit, diesen Schritt zu machen, ich nehme die Herausforderung an, dann ist das der erste Schritt heraus aus dem inneren Käfig.

Es gibt einen Weg da heraus, es gibt immer einen Weg, auch wenn er beschwerlich ist und lange dauern mag. Und wenn alle Hindernisse überwunden sind, sind wir vielleicht immer noch eine Weile allein, aber wir fühlen uns nicht mehr einsam. Und vor allem wissen wir, wie wir liebevoll und fürsorglich mit diesem verlassenen Kind in uns umgehen.

DICH SELBST BERUHIGEN

Beobachte die Stimmen in deinem Kopf.

Beobachte die Gedanken, die du hast über dich selbst.

Welche Gedanken denkst du oft?

Welche Stimmen hörst du oft?

Sind es heilsame oder unheilsame Gedanken?

Sind es stärkende oder schwächende Stimmen?

Jeder schwächende Gedanke, den du oft denkst, wird zu einem unheilsamen Gefühl.

Jeder unheilsame Gedanke wird zu einer Überzeugung.

Jede Überzeugung wird zu einem IST-Zustand.

Hörst du auf all die unheilsamen Stimmen in deinem Kopf, glaubst du all den unheilsamen Gedanken, sitzt du fest wie das Kaninchen vor der Schlange.

Sagst du: Stopp, Schluss jetzt! Und setzt dich hin und horchst auf das Leben in dir selbst, dann tritt allmählich Stille ein.

Setzt dich hin.

Einatmen, langes Ausatmen, solange bis du den Atem und dich selbst vergisst.

Dann wird es still.

Natürlich lassen dich die Gedanken und Stimmen nicht so einfach in Ruhe.

Sie werden immer wieder in dein Bewusstsein drängen.

Lass dich davon nicht ablenken.

Glaube ihnen nicht.

Ignoriere sie.

Lass sie reden und hör ihnen nicht zu.

Irgendwann werden sie verstummen.

Habe Geduld und übe.

Sitzen und atmen.

Immer wieder, wenn die unheilsamen Gedanken kommen.

Geduldig, achtsam, liebevoll, gütig, mitfühlend mit dir selbst.

WAS WÄRE, WENN DU LOSLÄSST?

Und wie lautet dieser liebgewonnene Gedanke, diese vertraute Gewohnheit, die zwar längst überholt ist, die du aber trotzdem weiter pflegst?

Was würde passieren, wenn du loslässt?

Verlierst du dich?

Oder gewinnst du dich – dein wahres Ich.

Hier. Jetzt?

ES TUT SO WEH!
WIE WIR SEELISCHEM SCHMERZ ACHTSAM BEGEGNEN

Seelischer Schmerz tut weh.

Seelischer Schmerz kann so weh tun, dass wir ihn im ganzen Körper spüren. Alles in und an uns fühlt sich wund an. Wir können an nichts anderes mehr denken als an diesen Schmerz, weil er so unüberfühlbar und alles ausfüllend ist. Wir glauben, wir sind dieser Schmerz.

Das soll aufhören, sagt meine Klientin, ich will, dass das endlich aufhört.

Ich sage ihr, dass ich sehr gut weiß, wie es sich anfühlt. Ich sage ihr auch, dieser Schmerz hört nicht auf, weil sie das wollen.

Und sie sagt: Das kann nicht sein, es muss doch ein Heilmittel geben.

Wir wollen heilen, immer wenn etwas weh tut, sei es im Körper oder in der Seele. Wir wollen schnell heilen, damit wir uns wieder normal fühlen und zu unserem normalen Leben zurückkehren können, das der Schmerz auf Pause gestellt hat.

Aber leider gelingt das nicht immer so schnell, wie wir es uns wünschen. Und manchmal gelingt es gar nicht mehr, dann zum Beispiel, wenn wir eine chronische Krankheit haben, die mit Schmerzen verbunden ist. Viele Menschen leben mit chronischen körperlichen oder seelischen Schmerzen. Für sie gibt es keine Heilung. Sie müssen mit den

Schmerzen leben, die man allenfalls nur kleiner machen kann.

Ein Leben mit Schmerzen ist ein schweres Leben. Ich habe den tiefsten Respekt vor Menschen, die so leben müssen. Fragt man diese Menschen, wie sie das aushalten, kommt oft die Antwort: Ich habe gelernt, damit zu leben. Was bedeutet: Sie haben den Schmerz als Teil ihrer selbst angenommen.

Den Schmerz annehmen. Das ist nicht Heilung, aber es ist Linderung.

Und so können wir im ersten Schritt unseren seelischen Schmerz annehmen. Wir können aufhören, ihn weghaben zu wollen, aufhören, uns selbst anzuklagen dafür, dass wir nicht stark genug sind, ihn auszuhalten, dass wir leiden und uns so nicht haben wollen, weil das Leid doch die Freude einsperrt. Wir können aufhören, etwas von uns zu erwarten, was wir gerade nicht können.

Das lindert den Schmerz ein wenig.

Wir können unseren Schmerz sogar umarmen und sagen – ja, du gehörst zu mir, jetzt in diesem Moment in der Zeit und ich weiß, warum du da bist, du bist ein Zeichen dafür, dass ich ein fühlender, lebendiger Mensch bin.

Wir Menschen besitzen erstaunliche Selbstheilungskräfte, und je mehr wir ihnen vertrauen, desto größer sind sie. Wunden können heilen. Schmerz kann heilen. Wie eine tiefe körperliche Wunde kann auch der seelische Schmerz heilen.

Und wie bei einer offenen Wunde braucht Heilung Zeit. Manchmal viel Zeit, manchmal sehr viel Zeit. Wir müssen geduldig sein. Aber wir können die Heilung und unser Wohlbefinden unterstützen. Wir können unsere

Selbstheilungskräfte aktivieren, indem wir in Kontakt mit dem kommen, was wir brauchen. Wir können uns Heilungsräume schaffen, in denen wir liebevoll für uns da sind.

„Immer dann, wenn wir unsere liebevolle Aufmerksamkeit auf etwas richten, findet Heilung statt", sagt der weise Thich Nhat Hanh. Wir dürfen uns diese Aufmerksamkeit selbst geben, uns trösten und uns um uns selbst kümmern, so gut wir es können. Immer nur von einem Moment zum anderen ohne die ganze Strecke vor Augen zu haben. In diesem Moment tue ich mir Gutes. Nur in diesem Moment. Das ist genug.

Wir können uns Hilfe suchen, einen Menschen, der uns seine freundliche, uneingeschränkte und nicht wertende Aufmerksamkeit schenkt. Jemand, der mit ganzem Herzen präsent für uns da ist. Der uns mit allem, was wir fühlen und aussprechen, wirklich zuhört und nichts beschönigt, nichts kleinredet, nichts verdreht und uns nicht mit Ratschlägen schlägt, die wir sowieso nicht umsetzen können. Alle weisen Worte und Ratschläge helfen uns nicht, sie erreichen uns nicht, sie machen den Schmerz nicht kleiner, sie klingen in unseren Ohren alle gleich und in Anbetracht unseres Schmerzes banal, denn was wir fühlen, tut weh. Es will ernst genommen werden. Um unseren Schmerz zu erlösen, benötigen wir Lösungen, die aus uns selbst heraus entstehen. Die Lösungsvorschläge anderer können zwar ein Wegweiser sein, den Weg aber müssen wir selbst gehen.

Sarva anitya (Alles ist unbeständig).

Seelischer Schmerz braucht Raum.

Er braucht einen geschützten Raum, in den wir nur Menschen hineinlassen, die achtsam mit uns umgehen, indem sie uns ganz annehmen, so wie wir jetzt sind. Er braucht

Raum, in dem wir uns selbst Fürsorge schenken, und diese beginnt damit, uns nicht zu verurteilen, und damit, dass wir dem, was uns weh tut, Aufmerksamkeit schenken, freundliche, liebevolle, gütige Aufmerksamkeit.

Danke, dass du für mich sorgst, könnte unser Schmerz dann antworten.

Und vielleicht ist es ja genau das, was uns unser Schmerz lehren will – gut zu uns selbst zu sein. Achtsam und liebevoll mit uns selbst umzugehen. Uns selbst Heilsames zu tun. Unsere Selbstheilungskräfte dankbar anzuerkennen, sie zu nutzen und darauf zu vertrauen.

Wir sind viel stärker, als wir denken, wenn wir auf uns vertrauen. Und je mehr wir uns selbst wieder vertrauen, desto heiler werden wir. Wir kommen nicht unverwundet durch dieses Leben. Wir alle müssen Federn lassen, aber es bedeutet nicht, dass wir das Fliegen verlernen.

TROTZDEM

In der Psychologie gibt es das Konzept der Salutogenese. Entwickelt wurde sie von dem jüdischen Psychologen Aaron Antonovsky während der Behandlung der Opfer des Holocaust.

Er stellte fest, dass, obwohl alle Betroffenen die gleichen schrecklichen Erfahrungen machen mussten, manche von ihnen seelisch zerstört wurden, während andere an der furchtbaren Erfahrung nicht psychisch zerbrachen. Gleiches entdeckte der Arzt und Psychiater Viktor Frankl, der das KZ überlebte und aufgrund seiner Erfahrungen die Logotherapie entwickelte.

Heute sprechen wir von Resilienz, wenn Menschen auch angesichts des Schrecklichen, das ihnen widerfährt, nicht zerbrechen. Das alles sind Konstruktionen, die dabei helfen sollen zu verstehen, warum manche von uns ob der Leiderfahrungen, die uns im Leben treffen stärker und andere schwächer werden.

„Das Leid ist so groß wie die Schultern, die es tragen müssen."

Was dem einen den Lebensmut und die Kraft raubt, ist für den anderen Antrieb weiterzumachen, trotzdem. Es ist dieses „Trotzdem", das manche Menschen nicht aufgeben lässt. Dem, was ist, ins Auge blicken und ihm trotzen, indem man weitergeht, obwohl es ein schweres Gehen ist. Dieses Trotzdem ist kein Trotz, der sich in Widerstand zeigt, es ist etwas völlig anderes. Wer ein Trotzdem hat, hat eine innere Ressource, die ihn trägt, auch wenn er im tiefsten Tal wandert und die dunkle Nacht der Seele kein Ende zu nehmen scheint.

Diese Ressource basiert auf der inneren Sicherheit, dem Vertrauen in die Fähigkeit, Krisen und Leiderfahrungen bewältigen zu können. Was dieser Mensch weiß und annimmt, ist, dass Leben auch Leid bedeutet und dass alles, was ihm widerfährt, eine Chance zu seelischem Wachstum sein kann.

Ein solcher Mensch ist das Gegenteil eines verwöhnten Menschen. Er ist nicht wie der verwöhnte Mensch der Auffassung, das Leben müsse immer gut zu ihm sein, weil er unbewusst der infantilen Haltung anhaftet, er habe es verdient. Wir haben nichts verdient, weder das ewige Glück noch das ewige Leid und den Schmerz und die Verluste schon gar nicht. Es geht nicht ums Verdienen. Es geht darum zu begreifen, dass das Leben voller Möglichkeiten ist, und alle, aber auch alle, können uns ereilen.

Es gibt Zufälle, es gibt ein Schicksal und es gibt Fehler und Fehlentscheidungen, die wir auf unserem Lebensweg machen. Es gibt Menschen, die uns schaden, uns tief verletzen und uns das Herz brechen. All das beeinflusst unser Leben. Mit Verdienen hat das nichts zu tun. Wer gut ist, dem widerfährt nur Gutes und wer liebt, dem widerfährt nur Liebe. So ist es nicht, sagt die Erfahrung von Millionen Menschen auf diesem Globus.

Leben geschieht. Wir haben aber die Wahl, wie wir auf das, was uns geschieht, antworten. Jede Antwort ist für den, der sie gibt, erst einmal richtig. Richtig im Sinne seines Selbstverständnisses, seiner Erfahrungen, seiner Konditionierungen, seiner Überzeugungen, seiner Resilienz und seiner Fähigkeit „trotzdem Ja zum Leben zu sagen", wie Frankl in seinem gleichnamigen Buch schreibt.

Dieses Ja zu dem, was ist, heißt nicht, dass wir es gutheißen, es heißt, wir akzeptieren, was ist und gestalten, was möglich ist, um weiterzugehen, auch wenn das Aufgeben leichter zu sein scheint.

Was aber, wenn das Leid zu groß ist für die Schultern, die es tragen müssen?

Wenn Menschen das Leben in der Kindheit als brüchig, bedrohlich und unsicher erfahren haben, fühlen sie sich ein Leben lang, als würden sie auf trittunsicherem Boden gehen. Sie haben wenig Vertrauen in sich selbst und kein Vertrauen in das Leben. Sie haben es schwer, ihr Leben zu gestalten. Sie kennen Gefühle von Unsicherheit und Hilflosigkeit gut, haben aber wenig Zugang zu Gefühlen wie Zuversicht und Leichtigkeit.

Hilft man diesen Menschen, ihre Biografie im Rückblick zu verstehen, finden sie oft doch noch einen Weg, ihr Leben in die Hand zu nehmen, auch wenn es nicht so ist, wie sie es sich wünschen. Vorausgesetzt, sie haben die Bereitschaft es zu tun. Und wenn wir es trotz aller Bereitschaft allein nicht schaffen, dann holen wir uns Hilfe.

39

SELBSTFREUNDSCHAFT

Sei dir selbst dein bester Freund, eine hinreichend gute Mutter und ein fürsorglicher Vater.

Behandle dich respektvoll, verständnisvoll, rücksichtsvoll und mitfühlend.

Sei nachsichtig dir selbst gegenüber – nobody is perfect! Pflege einen liebevollen Umgang mit dir selbst.

Glaube an dich und steh dir motivierend zur Seite, besonders wenn die Dinge nicht so gut laufen.

„Du schaffst das!" ist eine hilfreiche Affirmation.

Tröste dich, wenn es dir nicht gut geht, wenn du traurig, wütend oder verzweifelt bist. Schenke dir Wertschätzung, besonders dann, wenn du wieder einmal denkst, dass du nichts Gutes verdient hast.

Arrangiere dich mit deinen Schatten. Auch sie machen dich zu dem Menschen, der du bist.

Verurteile dich nicht für Fehler – es ist menschlich, Fehler zu machen.

Habe Mitgefühl mit dir, wenn dir Veränderungen nicht so schnell gelingen, wie du sie dir wünschst.

Konzentriere dich auf deine Stärken und arbeite geduldig an deinen selbstschädigenden Gedanken.

Lerne zu schätzen, was du hast und höre auf zu vermissen, was du nicht hast.

Ersetze Hoffnung durch Zuversicht. Sie ist kraftvoller. Vergleiche dich nicht mit anderen – Du bist einzigartig!

Höre auf, dich schlecht zu behandeln und verzeihe dir augenblicklich, wenn du es wieder einmal tust.

Höre nicht auf das Urteil anderer, sie wissen nichts über dich, sie meinen nur zu wissen.

Wenn du diesen liebvollen, mitfühlenden Umgang mit dir pflegst, fühlst du dich mehr und mehr gut aufgehoben bei dir selbst.

Sei dir bewusst, dass all das nicht einfach ist, aber sei dir gewiss – die Mühe lohnt sich.

Mögest Du dein bester Freund sein.

HILFREICHES, UM MIT DEN ENERGIEN DIESER ZEIT BESSER UMZUGEHEN

Bleibe geerdet: Wenn im Außen das Chaos herrscht, ist es wichtig, geerdet zu bleiben. Finde heraus, was dich erdet.

Bleibe in der hellen Energie: „Die Weisheit lebt im Licht", schrieb Rudolf Steiner. Lasse dich nicht von den dunklen Energien dieser Zeit manipulieren, verängstigen und herunterziehen. Lerne zu unterscheiden, wer oder was dir schadet, wer es gut mit dir meint und was heilsam ist. Vertraue deiner Intuition. Umgib dich mit Menschen, die dich lieben und wertschätzen. Übe dich in Selbstfürsorge und tue Dinge, die heilsam sind und dir gute Energie schenken.

Bleibe im Vertrauen auf die Kraft des Guten.

Sei achtsam, zentriert, klar und fokussiert: Veränderungen können beängstigend und überwältigend sein. Um achtsam und klar zu bleiben, helfen Atem- und Achtsamkeitsübungen, Meditation, Journaling und alles, was emotionalen Stress reduziert.

Sprich über deine Ängste und Gefühle: Das hilft, dich emotional zu entlasten und dich besser zu fühlen, wenn du traurig, wütend oder ängstlich bist. Wenn wir über unsere Gefühle sprechen, kann das nicht nur helfen, uns selbst und die Situation besser zu verstehen, es verbessert auch unsere

Beziehungen. Einem vertrauten Menschen zu erlauben, an unseren Gefühlen teilzuhaben, zeigt unsere Wertschätzung und unsere Zuneigung.

Mache dir bewusst: Alles, was sich nicht ausdrückt, drückt sich ein.

Zuversicht und Gleichgewicht: Es ist gut, zuversichtlich zu sein, aber es ist ebenso wichtig, den Bezug zur Realität nicht zu verlieren. Stelle sicher, dass deine Pläne und Ziele auf einer soliden umsetzbaren Grundlage basieren.

Sei offen: Sei offen und empfänglich für neue Gedanken, Ideen, Erfahrungen und Menschen. Habe den Mut, über den Tellerrand hinauszublicken, unkonventionelle Ideen und Möglichkeiten in Betracht zu ziehen und Neues auszuprobieren.

Sammle Wissen: Vermeide einseitige Informationen und Informationen, die nur eines wollen: dir Angst machen. Mache dir ein Bild vom Ganzen. Übe komplexes Denken. Kontinuierliches Lernen und Wissen helfen dabei, Herausforderungen als Chancen zu betrachten. Das kann helfen, auch in Zeiten der Unsicherheit Ruhe zu bewahren und zu wachsen.

Erlange Selbstkenntnis: Strebe nach Selbstkenntnis:
Kümmere dich um deine emotionalen und seelischen Baustellen und sei offen für deine innere Wahrheit. Je besser du dich selbst kennst und je klarer du in deiner Wahrheit bist, desto selbstsicherer und selbstbewusster bist du. Je selbstbewusster du bist, desto freier bist du innerlich und desto weniger manipulierbar bist du.

Digital Detox: Die Informationsflut, der hohe Medienkonsum und das Gefühl, immer erreichbar sein zu müssen, erzeugen Stress. Digitaler Dauerkonsum von Bildern, Videos und Texten führt dazu, dass das Gehirn keine Ruhephasen mehr hat.

Die Folge dieser Reizüberflutung: die Konzentrationsfähigkeit lässt mehr und mehr nach, und es wird immer schwieriger, uns auf bestimmte Aufgaben zu konzentrieren.

Eine digitale Entgiftung hilft unserem Gehirn und unserer Seele, auch wenn sie nur kurzzeitig ist, wieder zur Ruhe zu kommen.

Gehe so oft du kannst, bewusst offline.

Lies stattdessen ein Buch und triff dich öfter mit Menschen. Wende deine Aufmerksamkeit vermehrt der realen Welt zu.

Mach dir bewusst: Das Internet ist nicht das wahre Leben!

Unterstütze andere und tue Gutes: Andere Menschen zu unterstützen ist Sinngebung und Selbsttranszendenz.

Wer anderen hilft, tut nicht nur seinen Nächsten etwas Gutes, sondern fördert sein emotionales und geistiges Wohlbefinden. Wenn wir etwas Gutes tun, um anderen Menschen zu helfen, schüttet der Körper Glückshormone aus, die positive Emotionen hervorrufen. Außerdem hilft es, unsere eigenen Probleme einmal zu vergessen, wenn wir andere unterstützen.

Suche dir selbst Unterstützung, wenn es dir nicht gut geht: Es ist kein Zeichen von Schwäche, sondern von Stärke, dir Hilfe zu holen, wenn du allein nicht weiterkommst.

Bleib in deinem Einflussbereich. Kümmere dich um das, was du beeinflussen kannst, und verschwende keine kostbare Energie auf das, was du nicht beeinflussen kannst.

Würdige deine Fortschritte: Jeder Fortschritt, den du würdigst, stärkt deine Motivation, dein Selbstbewusstsein und deine innere Stärke.

DAMIT ES DIR BESSER GEHT

Alle Menschen, die ich im Laufe meiner Arbeit kennenlernen durfte und darf, sehnen sich danach, gesehen, gehört, verstanden, akzeptiert und geliebt zu werden.

Wir möchten uns verbunden fühlen mit uns selbst und miteinander. Wir möchten uns in Beziehungen sicher fühlen, geborgen, gehalten und geliebt. Wir möchten ankommen in unserem Körper, in unserem Sein und im gegenwärtigen Moment. Wir möchten im Frieden sein, mit uns selbst, miteinander und der Welt. Wir möchten frei sein von Ängsten und all dem Unheilsamem unserer Vergangenheit.

All das beinhaltet die Sehnsucht nach Heilung, dem Zustand, in dem wir uns ganz und angekommen fühlen.

Aber nur wenige Menschen können sagen: Ich fühle mich heil, ganz und angekommen.

Die meisten von uns leben in dieser unerfüllten Sehnsucht, und irgendwann halten wir das, was unheilsam ist, für normal. Wir leben ein Leben, das von Stress, Problemen, Sorgen, Unzufrieden, Trennung und Ängsten geprägt ist, und immer mehr Menschen sind seelisch krank. Immer mehr Menschen sind vereinzelt. Sie leben allein, sind allein, finden keinen Partner, geschweige denn Liebe. Nicht in sich selbst und nicht in Beziehungen.

Sie unterdrücken ihre Emotionen, leiden still unter ihren Verletzungen und sind nicht fähig, sich ihren Gefühlen zuzuwenden, weil es weh tut, was sie fühlen. Gefühle werden unterdrückt, abgespalten, ignoriert und kompensiert.

Es wird ein Ersatzleben geführt, weil das wahre Leben so unerreichbar scheint. Dieses Ersatzleben ist schal und nicht erfüllend. Da ist eine innere Leere, die mit allem möglichen Kram gefüllt wird, und trotzdem bleibt dieser unstillbare Hunger nach wahrer Fülle.

Aber wie diesen Hunger stillen?

Wie ein gelingendes Leben führen, geprägt von Verbundenheit, Mitgefühl, Akzeptanz, Respekt, innerer Freiheit, Liebe und Heilung?

Indem wir bei uns selbst anfangen.

Indem wir aufhören, uns immer wieder unbewusst die gleiche Geschichte zu erzählen, von der wir glauben, dass sie die unsere ist.

Indem wir unsere Überzeugungen hinterfragen und erforschen, woher sie kommen, um diese alte Geschichte loszulassen und eine neue zu schreiben.

Indem wir unsere blinden Flecken und impliziten Erinnerungen verstehen.

Indem wir unsere begrenzten Überzeugungen erforschen und uns selbst mit Neugier und Mitgefühl betrachten.

Indem wir die Anpassungen, die uns als Kind halfen zu überleben, erkennen, und begreifen, dass sie uns heute schaden.

Indem wir uns selbst besser kennenlernen, um Einblicke und Verständnis für die Zusammenhänge unseres Lebens bekommen, um mit aktuellen und zukünftigen Herausforderungen besser umzugehen.

Indem wir uns von selbstgeschaffenem Leid befreien und Einsicht, Klarheit und Wahlfreiheit in unserem Verhalten gewinnen.

Indem wir uns selbst sehen, hören, verstehen und fühlen.

Indem wir mit der Selbstbe- und Verurteilung aufhören.

Indem wir unsere Verletzlichkeit und unsere Ängste anerkennen und uns für unsere Emotionen öffnen, sie entdecken und sie ausdrücken.

Indem wir unsere unterdrückten Emotionen fühlen, ehren und integrieren.

Indem wir unsere Achtsamkeit stärken und Körperempfindungen und Gefühlen Aufmerksamkeit schenken.

Indem wir dazu fähig werden, unseren mentalen Zustand zu verändern und lernen, uns selbst zu regulieren.

Indem wir das, wonach wir uns sehnen, für uns selbst tun und es uns selbst geben.

Indem wir uns gut behandeln – mitfühlend, gütig, respektvoll und fürsorglich.

Indem wir uns selbst die liebevolle Zuwendung schenken, die wir uns von anderen wünschen.

Indem wir uns mit uns selbst verbinden und beschließen zu heilen, denn nur auf uns selbst haben wir Einfluss.

Das hört sich nach viel Arbeit an. Es ist viel Arbeit, aber für mich ist es eine wunderbare Arbeit. Für mich ist es die wahre Arbeit in diesem einen Leben, das wir haben, damit es ein Leben ist. Ein Leben, in dem wir dort ankommen, wo wir fühlen: Das bin ich – im Hier und Jetzt – und ich bin gut mit mir selbst.

Da anzukommen ist ein innerer Prozess. Er erfordert die Bereitschaft, uns auf ihn einzulassen und ihn kontinuierlich zu verfolgen. Es ist ein Prozess, der nicht nur uns selbst dient, sondern uns allen – für ein mitfühlendes und verbundenes menschliches Miteinander.

Wir werden klarer, ruhiger und verständnisvoller gegenüber unseren Mitmenschen, was diesen wiederum helfen kann, selbst zu mehr innerer Klarheit zu finden. Wir werden damit Teil der Kraft, die diese Welt, in der wir alle gemeinsam leben, zu einem besseren Ort machen kann.

Der Flügelschlag eines Schmetterlings in Brasilien kann einen Tornado in Texas auslösen. Das ist kein Märchen und doch ist es Magie. Diese Magie beginnt in uns selbst.